红船扬帆

红船扬帆

陈向阳 著

SPM 南方传媒 | 新世纪出版社

·广州·

图书在版编目（CIP）数据

红船扬帆 / 陈向阳著 . — 广州：新世纪出版社，2016.7（2022.12 重印）
ISBN 978-7-5583-0112-4

Ⅰ.①红… Ⅱ.①陈… Ⅲ.①中国历史—近代史—青少年读物 Ⅳ.① K250.9

中国版本图书馆 CIP 数据核字（2016）第 144273 号

出 版 人：陈少波	策　　划：李江南
责任编辑：宁　伟　耿　谦	责任校对：陈　雪
排版设计：大有图文	责任技编：陈静娴

红船扬帆

陈向阳 / 著

出版发行：新世纪出版社
经　　销：全国新华书店
印　　刷：天津画中画印刷有限公司
规　　格：787mm×1092mm　1/16
印　　张：7.5
字　　数：98 千字
版　　次：2016 年 7 月第 1 版
印　　次：2022 年 12 月第 2 次印刷
书　　号：ISBN 978-7-5583-0112-4
定　　价：19.80 元

如发现印装质量问题，影响阅读，请联系调换：
北京广版新世纪文化传媒有限公司
销售热线：010-65542969
传　　真：010-65545428
[书中图片由中国国家博物馆提供]

导读：小读本，大述事

中国国家博物馆前副馆长、中国现代史学会前副会长　白云涛

《红船扬帆》是一本给小读者的小书，但却怀揣着一段宏大的历史述事。

从 1840 年鸦片战争开始，中国人民就苦苦探索救亡图强、振兴中华之路。但是，每一次的探索都失败了。

1921 年夏天的一个早上，一些人陆续走进上海法租界贝勒路树德里 3 号，这个地方后来曾被称作望志路 106 号，现在被称为兴业路 76 号。

那些人都是谁呢？他们是李达、李汉俊、董必武、陈潭秋、毛泽东、何叔衡、王尽美、邓恩铭、张国焘、刘仁静、陈公博、周佛海、包惠僧，一共 13 个人，代表全国 50 多位共产主义信仰者。还有两个外国人，他们是共产国际代表，荷兰人马林和俄国人尼科尔斯基。

在上海这个安静的里弄，就由这 15 个人，开启了中国历史的新纪元。

这 15 个人，他们召开了一个会议，即中国共产党第一次全国代表大会。

大会从 7 月 23 日开始，到 7 月 30 日晚上召开第 6 次会议时，一个可疑的中年男子装作走错门闯入会场。这引起了共产国际代表马林的警觉，凭借丰富的地下斗争经验，他建议大家迅速撤离。在代表们散去十几分钟后，法国巡捕就上门搜查，却一无所获。

代表们乘坐火车连夜赶到嘉兴南湖。第二天，在江南的蒙蒙细雨中，登上了临时租下的一艘游船，继续开会。代表们讨论了中国共产党的"中心工作和工作方针"，无记名投票选举了中央局书记等组织机构的成员。

就这样，中国共产党诞生了。

中国共产党的成立是中国历史上开天辟地的大事。从此，中国的劳苦大众有了翻身得解放的希望，中国革命的面貌从此焕然一新，中华民族得以开启伟大复兴之路。

《红船扬帆》的作者是中国国家博物馆的专家，他们俯身面向小读者，以深入浅出、生动形象的文图语言来表现，中国在鸦片战争后，经历一代代仁人志士的艰难探索，在中国共产党领导下终于走向通往胜利之路这一宏大叙事，弘扬了社会主义核心价值观。

没有共产党就没有新中国，《红船扬帆》这本书值得每一个青少年来阅读与传扬。

目 录

李大钊，中国共产党创始人之一

6

油画《英勇不屈》，全山石作

I 第一章
寻路人

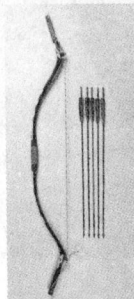
清军作战使用的弓箭

鸦片战争的炮火，惊醒了一批中国人。强烈的民族忧患意识驱使着他们睁开眼睛，了解世界，变革图强。从民族英雄林则徐，到维新志士谭嗣同，历史大变局下的中国，涌现出一批又一批寻路人。中国只要有历史，就该铭记他们。历史也充分说明：只有共产党才能救中国。

1. 鸦片战争

清朝是中国历史上最后一个封建王朝。它一度很强大，现

1841 年 9 月，英军炮击舟山岛图

清军抗击英军时
使用的火药缸

今的朝鲜、韩国、越南、蒙古、缅甸、尼泊尔等独立国家，当时不是清朝的藩国，就在清朝的版图之中。

清朝的鼎盛时期，就是中国历史上著名的"康乾盛世"。从康熙皇帝到雍正皇帝再到乾隆皇帝，他们祖孙三代人在位时期 100 多年。在此期间，中国社会基本稳定，经济繁荣，人口众多；基本没有重大外患，并不断开疆拓土、扩大影响力。

不过，"康乾盛世"只是中国封建社会的回光返照。它的繁盛，主要体现在人口数量与经济总量上，而不是质量上。它无法与中国历史上的"开元盛世"等相提并论，更无法与当时的西方相比。几乎与"康乾盛世"同步，以英国为代表的欧洲主要国家先后完成了启蒙运动和工业革命。当"盛世"步入尾声，中国已经在科技、文化、军事、政治、教育等层面落后很远。

这一点，正如亚当·斯密在《国富论》中所说："中国一向是世界上最富的国家，就是说，土地最肥沃，耕作最精细，人民最多而且最勤勉的国家。然而，许久以来，它似乎就停滞于静止状态了。今天的旅行家们关于中国耕作、勤劳及人口稠密状况的报告，与 500 年前游历该国的马可·波罗的记述比较，几乎没有什么区别。"

落后就要挨打，特别是军事技术方面的落后。清军的武器装备，依然以冷兵器为主，此外有为数不多的威力有限的小型火炮，根本不能与西方相比。更何况清朝落后的地方还不仅限于军事技

"十全老人"乾隆

"十全老人"是老年乾隆的自诩，客观地说，他确实文武兼备、有勇有谋，同时他也好大喜功、虚骄恃气，中华民族的落后与他不无关系。他在位 60 年间，先后出京巡游 24 次，每次都找些冠冕堂皇的借口，比如祭孔或巡查水利，真正目的却是游山玩水、显示皇威。他曾六下江南，仅从北京到杭州修建的行宫就达 30 处，耗费白银 2 000 万两。晚清的慈禧太后一向以奢侈著称，但 1900 年她因八国联军入侵北京而逃往山西时，也不禁为乾隆当年出游五台山时用过的器物而惊叹。

18 世纪 60 年代，英国率先进行工业革命，迅速发展为世界头号资本主义强国。图为英国工业革命时期生产的蒸汽机车

9

"茶叶战争"

鸦片战争也可以被视作一场"茶叶战争"：很长一段时间内，来自中国的饮料——茶，在英国蔚然成风。英国人的工业产品，对于可以自给自足的中国人来说并不必需。通过走私鸦片，英国才在贸易上扳回一局。当中国选择禁烟时，战争随之爆发。1848年，为彻底摆脱在茶叶上对中国的依赖，英国植物学家罗伯特·福钧受英属东印度公司所托，秘密潜入中国寻找优良茶种，最终带走了近2万颗茶树种子、2 000棵茶苗、8位制茶师及大量制茶工具。这些茶树先是被栽培到喜马拉雅山南坡的种植园，之后逐渐遍及印度和斯里兰卡。几十年后，中国茶叶在西方市场的原有份额便被英属印度殖民地生产的茶叶完全取代。

术，具体说来包括盲目自大、拒绝学习、政治腐败、土地兼并、鸦片泛滥等等。因此，1840年，英国侵略者只凭借几千名士兵和为数不多的坚船利炮，便战胜了清政府，打赢了"鸦片战争"。战败的清政府被迫签订中英《南京条约》，割地赔款，丧权辱国。其他侵略者受到"鼓励"，蜂拥而来，中国从此一败再败，不平等条约一签再签，中华民族的命运受到极其严峻的挑战。

鸦片战争虽然中国战败了，但过程中涌现出了一大批可歌可泣的爱国将领，值得中国人永远铭记。

比如老将关天培。在外无援兵、内缺粮弹、长官未至、敌人先到的情况下，他决定以死报国。他命家丁将几件旧衣服和几枚掉落的牙齿送回老家，以示诀别，并将自己的财物全部分赠将士，鼓励他们奋勇杀敌，然后亲自坐镇炮台，亲燃大炮，与敌人激战近10小时。作战中，关天培受伤数十处，血染衣甲，仍坚持与登陆英军白刃作战，但终因伤重力竭，弹尽援绝，与部下将士壮烈殉国。

19世纪30年代的英国议会大厦

再比如宁死不屈的陈连升父子。英军 2 000 余人，自清晨至午后，20 多艘敌舰共发炮千余发，陈连升镇守的炮台始终固若金汤。英军利用汉奸带路，偷偷越过后山夹攻陈连升，清军腹背受敌，仍毫不畏惧，600 多名守军浴血奋战弹药殆尽，英军才乘虚攻入。陈连升在肉搏战中不幸中弹牺牲，其子陈长鹏见父亲阵亡，悲愤中挺戟大呼，冲进敌群，砍杀数人，重伤之余投海捐躯。英军恼恨陈连升坚守不屈，乱刀碎割其尸，并把他的坐骑黄骠马掳去香港。黄骠马恋主，不吃不喝，不久遥望大陆而死，时人将其称作"节马"。

与此同时，鸦片战争也使一大批或可耻或可悲或两者兼有的民族败类，原形毕露。历史的耻辱柱上，永远有他们的名字。

比如靖逆将军奕山，他拒不听取林则徐恢复海防设施的建议，而是采纳一个下属"以邪制邪"的"妙计"，命令地方保甲遍搜民间马桶，载于木筏之上，以便在交战之际泼在敌舰之上，那样敌人"邪乎"的炮火就不灵了。这种"妙计"不仅无效，更导致英军长驱直入。当时有人作诗道："粪桶尚言施妙计，秽声传遍粤城中。"

再比如两江总督牛鉴，打仗时，他贪生怕死，一直坐卧不宁地龟缩在城内。但当部属陈化成取得战绩时，他立即乘轿前往，假装巡视，以便邀功。他命令排列总督仪仗，乘坐大轿，鸣锣开道。结果被英舰上的水兵看到，立刻发炮轰击这支仪仗

关天培

镇江守军与英军进行殊死巷战

1841年10月，英军侵占宁波

显赫的人马。局面顷刻大乱，牛鉴惊慌失措，慌忙下轿，让一个侍从穿上他的官服坐在轿中，他自己则混在四散奔逃的乱军中逃之夭夭。

值得一提的是牛鉴的厨师。此人在牛鉴求学时期曾经帮助过他，牛鉴做官后送给厨师千两白银为报。厨师改行经商，成了富翁。后来，牛鉴趁厨师来访又把他留在自己的官署中。鸦片战争爆发后，厨师见一些爱国将领先后为国捐躯，牛鉴却贪生怕死，便给家中去信，将产业全部卖掉，得白银两千两，然后拿给牛鉴说："牛大人，从前我接济你，是觉得你将来会成为国家栋梁，并没想要任何报偿。没想到你今天这么误国，你之前送我白银千两，如今本利全部还你，我回去继续当厨师去。"说罢拂袖而去。

轮番失利后，道光皇帝派钦差大臣耆英负责与英军媾和。耆英更加可笑，在签字前，他煞费苦心，竭力与英军代表璞鼎查结交私议，赠予对方厚礼，称其为挚友，还特意把"挚友"一词的英文直译"因地密特"（intimate）抄在扇子上，勤加练习，牢记在心。中国式的嘘寒问暖也被他毫无保留地用到了英国人身上。更有甚者，他还表示想收璞鼎查的儿子为义子，璞鼎查也答允了，尽管他的儿子终生生活在英国，但其子当时确实改名叫作弗雷德里克·耆英·璞鼎查。然而，英国人一向信奉国与国之间"没有永远的朋友，也没有永远的敌人，只有永远的利益"这一准则。作为侵略者，同时又胜券在握，耆英这种小恩小惠的"策略"不仅徒劳，也为人所笑。

当然，该为那场战争负责的远不止这些人，但所有的苦难最终都要由整个国家民族来承受。受鸦片战争战败影响，中国处境每况愈下，中国人民的生存权利受到越来越大的威胁。前所未有的大变局，呼唤民族英雄登场，来改写时局。

"五虎扑羊"

　　吏部尚书、扬威大将军奕经，在反攻英军前曾到庙里求签，签中有"不遇虎头人一唤，全家谁保汝平安"的卦辞。巧的是，三日后，大金川八角碉屯的藏族土司阿木穰受命率众前来参战，其麾下将士都戴着虎皮帽，与卦辞相互呼应。奕经大喜，认为这是天意，于是厚赏阿木穰。为投奕经所好，军中开始效仿阿木穰，纷纷戴上了黄虎头帽、黑虎头帽、白虎头帽和飞虎头帽。反过来，这又助长了奕经的求胜心理。他急不可耐地将反攻时间定在农历正月二十九日四更时分。因为按照中国的传统文化，寅属虎，1842年是农历壬寅年，农历正月（3月）是壬寅月，阴历二十九（10日）是戊寅日，当日四更为甲寅时，四寅交会，如虎添翼，而"洋人"者"羊"也，虎能吃羊，所以必胜。为确保胜利，他又挑选属虎的大将安义总兵段永福为督率，寓意"五虎扑羊"。如此荒唐，结果可想而知。

2. 开眼看世界

　　鸦片战争的炮火，促使一批中国人开始警醒。强烈的民族忧患意识驱使着他们睁开眼睛，了解世界，继而启迪、引领国人冲

1842年8月，清政府被迫签订中英《南京条约》

林则徐

力微任重久神疲，
再竭衰庸定不支。
苟利国家生死以，
岂因祸福避趋之？
谪居正是君恩厚，
养拙刚于戍卒宜。
戏与山妻谈故事，
试吟断送老头皮。
——《赴戍登程口
占示家人·其二》

林则徐被道光皇帝撤职
后，在赴流放地新疆伊犁前，
吟诗留别家人。

破思想樊篱，认识世界，学习西方，变革图强。近半个世纪时间里，大变局下的中国，先后涌现出一批又一批寻路人。

首先站上历史潮头的人，就是林则徐。他也被历史学家们誉为中国近代"睁眼看世界的第一人"。

林则徐是福建侯官（今闽侯）人，出生底层，读书期间他就因为家庭困难几次外出谋生，做过塾师，也做过幕僚。在地方上任职时，他关心民生，兴修水利，为百姓做了不少好事。

当时鸦片对国家人民的危害已经到了刻不容缓的地步，但对于如何看待鸦片，朝廷里却分成两派，一派主张严禁，另一派主张弛禁。而所谓弛禁，说白了就是解禁，即将鸦片走私合法化，并鼓励中国人种植罂粟、生产鸦片。其愚蠢的逻辑基础是：中国人种植罂粟越多，鸦片价值就会越便宜，就会给英商从印度远道运来的鸦片造成巨大的成本压力，最终迫使他们因为无法获利而退出。这样，中国的白银外流问题就可以得到解决。林则徐是严禁派的中坚力量。经过反复权衡利弊，犹豫不决的道光皇帝最终下定决心，派林则徐前往广州查禁鸦片。1839 年 6 月，林则徐不辱使命，破除重重阻力，成功地收缴了洋商多达数万箱的鸦片，并于虎门公开销毁，让全世界感受到了中国人民禁烟的决心和信心。

与此同时，林则徐认识到，必须向西方学习国家急需的先进知识。他从当地商人、翻译和教会学生中招募了一些懂外文的人，请他们"四处探听"国外消息，并找梁廷枏等大学者帮忙分析形势。他组织翻译了英文版的《广州日报》，好让国人了解外国的情况。同时，他还向朝廷提出了购买、仿造西方军舰的想

虎门一号销烟池出土的铺地石

法。但他的建议被斥为"一派胡言"，后来清廷还把鸦片战争的爆发与失败归罪于他，林则徐被贬新疆。尽管如此，林则徐毕竟推开了中国第一扇眺望外部世界的窗户。在他的影响下，各种介绍西方的书籍竞相涌现，使经过鸦片战争悲风烈雨冲刷后的中国大地，蒸腾起缕缕希望的生机。

林则徐之后的代表人物，当属魏源与严复。

魏源1794年生于湖南邵阳，一生没当过大官，也没有对内对外的赫赫战功，但在中国近代史上有极高的知名度。这主要是因为他编写了一部划时代的巨著——《海国图志》。在此书中，他提出了"师夷长技以制夷"的主张，开启了近代中国向西方学习的新风气。

魏源认为，中国要想强大，就必须学习西方；要学习西方，就要先了解西方。因此，尽管《海国图志》篇幅巨大，内容庞杂，但始终围绕着一个中心思想，那就是"师夷长技以制夷"。"师"就是要学习、仿效。我们既然落在别人后面了，就应当老老实实，放下"天朝上国"的架子，向人家学习。"长技"就是西方国家优于中国的技艺。在魏源看来，这些技艺包括"战舰、火器和养兵、练

魏源

魏源与龚自珍

魏源自幼不爱嬉笑打闹，话也不多，只喜欢安静独处。接受启蒙后，他勤奋好学，经常将自己关在书楼上刻苦攻读，因很少下楼，时间一长，连自家的狗都不认得他这个小主人了。魏源的科举之路很不顺畅，但同样不顺畅的还有另一位大才子龚自珍。二人都曾求教于当时的经学家刘逢禄，都热衷探讨社会现实问题、批评社会弊端，又一同参加会试，也一同落榜。之所以会这样，主要是因为他们思想激越，不符合当时以保守著称的主考官大学士曹振镛的喜好，这不是他们个人的不幸，而是整个民族的悲哀。刘逢禄深为这二人的落榜而感到惋惜，虽多方奔走，极力推荐，但并未成功。于是，他作专文以表痛惜，从此二人便以"龚魏"之名并称于世，成为我国近代启蒙运动中的耀眼双星。

兵之法"三个方面，也就是西方的新式军事装备和军事训练方法。"制"是指抵制西方的侵略。然而，这样的思想是不会被守旧势力认同的。《海国图志》在国内仅仅印刷了 1 000 册左右，没能得到广泛传播。与中国形成鲜明对比的是，当这部书被带入日本后，受到日本朝野热烈欢迎。当时同样处于内忧外患之中的日本，正是通过这本书对世界大势有了更多了解，进而发起明治维新，最终走向强盛。

严复，人称"天演先生"，这主要是因为他翻译的《天演论》在中国知识界引起了很大轰动。通过这部书，严复系统地将西方社会政治学说介绍到了中国。毛泽东曾赞扬说，严复是中国共产党诞生前向西方寻求真理的主要代表人物。

所谓"天演"，是达尔文"进化论"中"物竞天择，适者生

时局图

1898 年，香港爱国志士谢缵泰创作了一幅政治漫画——《时局图》，形象生动地展现了当时的中国被列强瓜分、宰割的现状，画面两侧还分别写有"不言而喻""一目了然"八个大字，寓示列强瓜分中国的阴谋已昭然若揭，时不我待。在这张涵盖当时中国及周边四邻领土的地图上，一些禽兽豺狼正划分着势力范围。图中的黑熊代表俄国，它正在践踏着中国北部领土，恶爪伸向山西、陕西、辽东和直隶，眼睛还紧盯着中国的南部；老虎代表英国，它张牙舞爪，猛扑在长江流域，尾巴则搭到威海卫，霸占着中国的大江南北；一只肚子鼓鼓的蛤蟆代表法国，它占据了越南，一爪抓着中国的海南，一爪攀住了云南和广西；肥肠代表德国，它缠绕着山东省；而像一只恶蜘蛛般的太阳国日本则喷吐出一条黑线，紧紧地捆住中国的台湾，还伸向辽东、山西、直隶等地；在海上，更有一只硕大无比的美国饿鹰，飞越大洋，伸出它的利爪巨喙，急不可耐地从菲律宾向中国扑来。图的下部还有一些没有在中国抢到地盘的列强，它们正蠢蠢欲动。《时局图》形象地向人们展示了 20 世纪末西方列强在中国瓜分、竞争势力范围的局面。

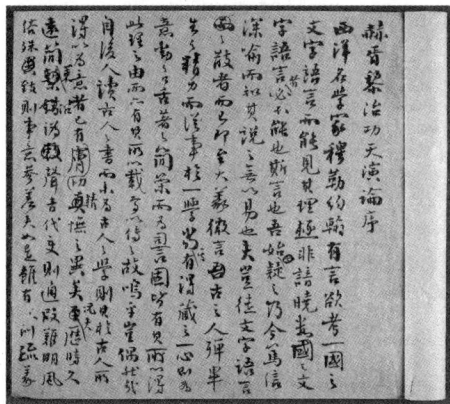

《天演论》手稿

存""天演竞争，优胜劣败"等核心思想的高度浓缩，严复想通过介绍和宣传这一思想促使国人猛醒，变法自强。事实上，《天演论》还没出版时，译稿就已经在进步人士中传抄开了。这主要是因为"天演"思想为当时中国势在必行的变革提供了理论依据。当时中国正面对一个强大、先进、充满侵略性的文明的挑战，但其自身的变革却极其缓慢，还遭到顽固守旧者的强烈反对。

据此，严复通过《天演论》向中国社会输入了"天演""进化"的思想。他说，世界上万物发展的规律都是生存竞争，优胜劣败，只有能够适应环境的强者才能够生存下来，而弱小的就衰亡和被淘汰。他把生物进化的观点运用到了人类社会中去，他说：外国之所以侵略我们，就因为他们是"优者"，中国是"劣者"。中国如不赶快变法，再不强大起来，就要永远沦为西方国家的奴隶，就会亡国灭种，惨遭淘汰！尽管今天看来，严复把达尔文的生物进化论延伸到人类社会领域不完全正确，因为西方列强恰恰是依托这一思路来瓜分中国的。但《天演论》针对当时中国的现实，向中国人民敲起了亡国灭种的警钟，为呼吁中国人民学习西方，变法图强，摆脱"优胜劣败"的亡国厄运提供了理论依据。

此外，鸦片战争前后，还涌现出了诸如有着"东方伽利略"之称的徐继畬，"民主先驱"梁廷枏，主张"君民共主"的薛福成，有"维新第一人"之称的王韬，"洋务通"马建忠，以《盛世危言》

多面严复

严复，属于"晚节不保"型的寻路人。辛亥革命后，他一度依附袁世凯，卷入洪宪复辟，终身反对革命共和，反对白话文，不赞成五四运动，为时人和后世诟病。此外，他晚年还染上鸦片烟瘾。在翻译《天演论》勉励国人自新自强的同时，"天演先生"自己却躺在烟榻上吸食鸦片。事实上这也是他一生怀才不遇的原因之一。他的上司李鸿章就曾发出过"如此人才，吃烟岂不可惜"的感慨。

第二次鸦片战争后，英、法、俄、美强迫清政府在天津分别签订了不平等条约。图为签字场景

名动当世、名留青史的郑观应等杰出人物，限于篇幅，此处不再赘述，但中国只要还有历史，就应该永远铭记这些人。

3. 洋务路不通

魏源等第一批开眼看世界者著书立说的目的，就是启发国人不要盲目自大，要关心外部世界，要了解和正确认识"夷务"。所谓"夷务"，就是"对外事务"。为什么清王朝偏偏要用"夷务"来称呼对外事务呢？这就是"天朝上国""华夏中心"的自大思想在作怪了。在中国古代，"夷"泛指华夏之外的其他民族，含有没有受到文明教化的意思，显然是个蔑称。在鸦片战争前，英国就开始反对清朝官员对他们使用"夷"和"夷务"等称谓，不过当时清王朝根本不把这些"夷人"的抗议当回事儿。

鸦片战争后，被迫打开国门的清政府再不能忽略这些"夷人"与"夷务"，也不能不考虑他们的要求，"夷务"遂被"洋务"一词取而代之。当时的一些封建官僚，继承了鸦片战争时期魏源"师夷长技以制夷"的思想，他们认为中国之所以内忧外患，是因为科学技术、军事力量和教育发展滞后。为挽救王朝统治，增强自卫力量，他们主张引进洋枪洋炮和西方先进技术，同时学习西学，发展工业，实现"自强""求富"。这些封建官僚被称作"洋务派"，代表人物在中央有奕䜣、桂良和文祥，在地方有曾国藩、李鸿章、左宗棠和张之洞。

左图为奕䜣，道光帝第六子，因力倡洋务，被顽固派称为"鬼子六"。右图为曾国藩

从闭关锁国到兴办洋务，这个转变过程反映了清朝"天朝上国"传统观念的破灭和对世界形势的承认，虽是被迫接受，但它毕竟使清王朝从顽固守旧中向前挪动了些脚步，在封建的死水潭里漾起了一圈改革的波澜。

洋务运动几十年，取得了相当的成就。洋务运动的范围也相当广泛，包括外交、练兵、制器、交通、通信、教育和留学等诸多领域，但它是随着洋务运动的深入而日益扩展的，前后侧重各有不同。大致说来，在19世纪60—70年代，洋务派主要是打着"自强"的旗号，以编练新式军队和兴办军工企业为主要目标。安庆内军械所、江南制造总局、福州船政局、金

保守派代表徐桐

与洋务派相对应的是保守派，大学士徐桐是其代表。他极端排外，从不穿洋布衣服，讨厌所有外国物品，看到中国人戴西洋眼镜也会忍不住责骂。他对当时的翻译家将美国翻译成"美利坚"十分恼火，并且拒不承认世界上有许多国家，坚称欧洲那些"乱七八糟的国名"都是英国人编出来吓唬人的，还留下了一段"西班有牙，葡萄有牙，牙而成国，史所未闻"的怪论。相反，在义和团运动爆发后，他对义和团迷惑民众的"刀枪不入"等江湖把戏却深信不疑，力劝慈禧借义和团之力排外、宣战。八国联军攻入北京后，他本着"君辱臣死"的传统伦理，自缢身亡。

张之洞所著的《劝学篇》

江南制造总局炮厂

陵机器局、天津机器局等近现代兵工厂先后在曾国藩、李鸿章、张之洞、左宗棠等人的主导下建立起来，新式陆军、新式海军也相继建立。

经济方面，涌现出了盛宣怀、唐廷枢、陈启源、朱其昂等工商业巨子，促进或相互促进了采矿、冶炼、铁路、航运、电报、纺织等军用和民用工业的发展。

文化方面，洋务派共创办新式学堂 24 所，同时开始选派幼童赴美留学，现代意义上的报纸也得以在中国迅猛发展，给沉闷腐朽的封建教育体制注入了新的活力，中国革命最初的火种也就此埋下。

但洋务运动终究是失败了。它为什么会失败呢？张之洞的《劝学篇》是个不错的切入点。

《点石斋画报》中的《谣言宜禁》：这幅画讲的是，泰州设立了电报局，以方便官、商联系。但有人谣传，电是死者之魂炼成，所以有人便把家中神牌拿去，想以四五十元的价格出售给电报局。局中职员知他被谣言所惑，将其驱逐出去，并报告州官张贴告示予以禁绝

1898年7月，时任湖广总督的张之洞在几个月前撰写的《劝学篇》传到了光绪帝及慈禧太后手中，这篇4万余字的文章，因为有"激发忠爱，讲求富强，尊朝廷，卫社稷"的良苦用心，得到了皇帝和太后的一致赞赏。光绪随即下令，全国印发，细心研读。《劝学篇》得以迅速风靡，连洋人都来捧场，美国一家出版社出版了它的英译本，书名居然用的是《中国的唯一希望：最伟大的总督张之洞的诉求》。

《劝学篇》凭什么如此受欢迎？主要是凭借张之洞在书中提出的"中体西用"的思想。这在当时被认为是一个最能"会通中西，权衡新旧"的改革方案。

在张之洞看来，原封不动地保持

"冒险家"胡佛

洋务运动造就了一批民族精英，也不可避免地被西方人所染指。比如美国第31任总统赫伯特·胡佛：他来中国前，是个刚从斯坦福大学毕业的毛头小子，每天在加利福尼亚的矿坑中工作10小时才挣2美元。1897年，他听说英国矿业巨头墨林采矿公司招聘有长期找矿经验的地质学家，便虚报年龄，蒙混过关。被派往中国前，他和女友闪电式结婚，并在结婚次日一道奔赴中国。他们还分别给自己取了个中文名字——胡华与胡潞。1900年，义和团运动爆发，胡佛伙同德国人德璀琳，利用当时开平矿务局主事张翼胆小怕事的弱点，以极低价格骗取了整个矿务局的所有资产，捞到了他人生中的第一桶金——400万美金，为他日后入主白宫打下了财富基础。

何启和胡礼垣的著作

"中学"是无效的，全盘拒斥"西学"也是迂腐的，恰当的做法应该是"中学为体，西学为用"。张之洞说，"中学"是指中国的纲常伦纪、圣道和心术，也就是思想意识、道德伦理，这个是绝对不能变的。可以学习的"西学"是西方的法制、器械和工艺，也就是从事洋务活动所需要掌握的自然科学、应用技术，通商、外交、军事、国际公法等知识，办教育的经验等，但西方政治制度、哲学思想是不需要也不能学的。

为什么这么说呢？这是因为，学习"中学"可以"治身心"，也就是保持孝悌忠信的美德，维护清王朝的皇权统治。"西学"可以"应世事"，只有学习西方的科技文化，才能应对新的世界大势。"中学"和"西学"的关系是"体"和"用"的关系，而"中体西用"的根本思想就是要以"中学"为本位，将作为客体的"西学"的技艺部分与"中学"相结合，从而给"中学"带来新活力。

从文化教育的角度来看，"中体西用"论的确起到了一定的积极作用。从历史角度来看，张之洞的"中体西用"论，相当于在当时极端保守、极端排斥外来文化的大清王朝文化堡垒上打下了一个楔子。受其影响，清廷允许在洋务学堂中增加西学课程，以培养一些有专长、有实际学问和能力的人。但是，到19世纪90年代，洋务派施行的一系列"自强""求富"活动都没能阻止清王朝走向衰败，社会上倡议政治制度改革的呼声已日益高涨。张之洞却大力鼓吹"中体西用"，否定学习西方民主政治，反对中国行民权，这就使"中体西用"论成为维护封建纲常名教和传统封建专制体制的保护符。也因此，张之洞和他的"中体西用"论遭到了维新派理论家的猛烈抨击。1899年，何启、胡礼垣撰文《〈劝学篇〉书后》，斥责《劝学篇》各种议论都是错的，将来定会"祸国殃民"。1907年，同盟会的《民报》甚至斥责张之洞为汉奸，还刊载了将他的头倒置在胯下的讽刺漫画。

　　一句话，《劝学篇》不过是张之洞投清廷之所好的产物，暴露的却是清廷压根不想彻底改革的心理。张之洞别有用心的思

日本的"小动作"

　　1895年4月17日，清朝在甲午惨败后，派李鸿章等人与日本签署了丧权辱国的《马关条约》。此前，日本已经为发动并打赢这场战争准备了20年，在战争前十多年，便已派出间谍混入中国。签约前后，为羞辱中国，夺取最大利益，日方又做了许多小动作：比如将中方代表的椅子腿故意锯短一截，这样中国代表看起来便比身材矮小的日本代表低一头，更无气势；再比如特意给李鸿章的座位旁准备了一个痰盂和一只取暖的炭火盆，看上去是细心，实则暗示大清帝国垂垂老矣。相关谈判总共进行了六轮，在第三轮结束后，李鸿章还遭到了日本人的刺杀，其面部中弹，血染衣衫。消息传开，日本政府处境很不利，一来李鸿章可能因此借机中断谈判，或者清廷另派强硬派官员来日谈判，二来日本担心

《马关条约》签署会场

西方列强乘机插手干涉。为安抚李鸿章，日本天皇睦仁特派专使与军医赴马关慰问，并赐予李鸿章日本皇后御制的绷带……最重要的是，日本利用中国方面的疏失，破译了中国的密码，从而掌握了中国使馆与国内的全部通信，摸清了中方底牌，进而施加压力，李鸿章等中方代表则因此在谈判中愈加被动。

梁启超

想，匹配清廷别有用心的改革，只能结出洋务运动失败、甲午战争惨败的苦果。

4. 戊戌变法

1895 年春，北京宣武门外大街达智桥松竹庵内人声鼎沸，18 个省的应试举人正在这里集会，请求清廷拒签屈辱的《马关条约》。集会由广东来的举人康有为主持。他满腔悲愤地分析了这个条约所带来的危害，说得声音嘶哑，情到痛处，放声大哭。在场的举子们受他感染，群情激愤，一致决议联名向皇帝上书，请求不要缔结这个丧权辱国的条约。大家公推康有为起草上奏书，他只用一天两夜时间，便写就了 18 000 余字的"上皇帝书"。他向清政府提出了三条请求：拒和、迁都西安和练兵、变法以自救。这次史称"公车上书"的大规模的爱国知识分子的请愿活动，轰动了北京城。"上皇帝书"的内容被人们广为传诵，并于一个月后在上海出版发行。康有为因此成为名闻天下的变法精英。

虽然由于一些朝臣的阻拦，"上皇帝书"没能送到光绪手中，但"公车上书"后，康有为考中了进士，留在工部任职，有了给皇帝提建议的机会。为推进变法，他还在北京创办了《万国公报》，在北京和上海设立了强学会，广泛宣传变法，提倡西学，连张之洞这样的洋务派大官也加入了强学会。

与康有为并肩战斗的是他的弟子梁启超。梁启超自幼聪慧多才，11 岁中秀才，16 岁中举人。他曾经沾沾自喜，觉得自己很了不起，可 17 岁那年，当他进入康有为开办的"万木草堂"时，

康有为

立刻被康有为的维新主张吸引了。康有为告诉他，中国这几百年来教授的都是些没用的学问，并向他讲述了西方历史、学术的大概情况。这对梁启超犹如当头棒喝，他马上决定舍弃旧学，拜康有为做老师，学习维新变法的思想。

1895 年，梁启超和康有为一起组织了"公车上书"，他还在康有为撰写"上皇帝书"的时候，不分昼夜地为其誊写草稿。之后，他又协助康有为成立强学会，并负责《万国公报》的宣传和编辑工作。

梁启超是出色的理论家，他反复在文中警示清政府，变是不以人的意志为转移的客观规律，如果抗拒这个规律，应该变的时候不变，必遭列强瓜分。他还说，变法不能再重弹洋务派"富国强兵"的老调，不能只引进一些西方技术，变法的关键是改变科举制度和封建官僚制度。他的论文内容新颖，文字流畅，富有说服力，受到知识分子和部分清朝官僚的喜爱。梁启超也随之成为当时著名的变法人才。人们说到康有为时，总是要一并提到梁启超，将他们合称为"康梁"。

1897 年，德国出兵强占山东胶州湾。面对危难的政局，光绪皇帝终于下定了改革的决心，老师翁同龢则适时向他推荐了康有为。次年 6 月，戊戌变法正式拉开序幕，光绪帝在召见康有为后，先后颁布诏书、谕旨达 200 多道，涉及政治、经济、文化、教育和军事等各个方面。但是，维新派高涨的爱国热潮和激烈的变法主张引发了守旧派的恐慌。9 月 21 日，慈禧太后发动宫廷政变，囚禁

光绪皇帝

梁启超的墨盒

25

戊戌六君子都是饱学之士，单论诗学，以刘光第成就最高。他在入狱前写了很多爱国诗篇和大量山水游记诗，成就很高，其中《梦中》一诗写道：

梦中失叫惊妻子，
横海楼船战广州。
五色花旗犹照眼，
一灯红穗正垂头。
宗臣有说持边衅，
寒女何心泣国仇。
自笑书生最迂阔，
壮心飞到海南陬。

久拼生死一毛轻，
臣罪偏由积毁成。
自晓龙逢非俊物，
何尝虎会敢徒行。
圣人岂有胸中气，
下士空思身后名。
缧绁到头真不怨，
未知谁复请长缨。

除谭嗣同外，戊戌六君子中的杨深秀与林旭也留下了绝命诗，特别是杨深秀，他入狱后先后写下了3首绝命诗，其为一。

光绪皇帝，宣布通缉康有为等维新派人士，再次垂帘听政。在政变前，光绪帝已经预感到形势危急，遂下诏让康有为去上海办官报避祸，康有为和梁启超得以逃到日本避难。

康有为流亡海外，后来又从日本去了加拿大、英国等地，他在漂泊期间继续写文章、办报刊，揭露顽固守旧势力的愚昧。

谭嗣同

虽然他后半生一直坚持保皇，没有看清封建帝制才是制约中国社会进步的主要原因，但他敢于冒着生命危险，以满腔的爱国热忱和宏伟的理想，推动戊戌维新运动，因此被大家看作为中华崛起而奋斗的英雄，得到很多爱国民众的尊崇和礼遇。

梁启超流亡日本后，创办了《清议报》，继续宣传民权理论，介绍各种西方资产阶级政治理论和社会学说，批判封建制度。为激发人们的爱国热情，他撰写了著名的《少年中国说》。"少年智则国智，少年富则国富，少年强则国强，少年独立则国独立，少年自由则国自由，少年进步则国进步……"梁启超用热情洋溢的语言，呼吁中国年轻的一代奋起挽救国家危亡，努力创造一个青春活泼的少年中国。

另一位维新志士谭嗣同，本有机会脱险，但他决心用自己的鲜血唤醒民众，不肯逃避。9月28日，谭嗣同与另外5位被捕的志士林旭、刘光第、杨深秀、杨锐、康广仁，在未经任何审讯的情况下，在北京菜市口就义，历史上称他们为"戊戌六君子"。

谭嗣同被害时年仅33岁。他自始至终没有畏惧过，还在狱中写下了"我自横刀向天笑，去留肝胆两昆仑"的豪迈诗句。志士的鲜血激发了人们维新的决心，《清议报》上登载了这样的话："败不忧，成不喜，复维新，誓不止。"还有一些原来推崇维新变法的知识分子，看清了清政府封建专制的腐朽本质，走上了革命的道路。

5. 新文化运动

辛亥革命的枪声，促使大清帝国被迫退出历史舞台，持续了2 000多年的封建制在中国走到了尽头。但辛亥革命只是推进了中国的历史进程，而没能从根本上挽救中国。胜利的果实很快被袁世凯卑劣地窃取，"共和"只剩下一块招牌。

而且，袁世凯连这块仅存的招牌也想砸碎。

1912年3月，袁世凯就任中华民国临时大总统。半年后，北洋政府就强行发布通知，将每年的10月7日定为"孔子诞辰纪念日"，袁世凯本人还亲抵孔庙祭孔，三跪九叩……他还以实际行动恢复了祭天制度——在传统的封建社会，这项仪式只有皇帝才能主持和完成。舆论界也刮起了尊孔风。一时间，全国上

"四大寇"

孙中山原名孙文，他在日本流亡时曾化名中山樵，因此被称作孙中山。读书时，孙中山便关心国事，并和一些同样关心祖国命运的同学交好，如郑士良、杨鹤龄、陈少白、尤列、陆皓东等。他们毫无顾忌地谈论国事，探讨各种救国方案，甚至声称要推翻清政府。为此，孙中山和杨鹤龄、陈少白、尤列被时人称作"四大寇"，他们自己也很高兴被这样称呼。孙中山曾经写过《上李鸿章书》，并呈递给当时最有权势的大臣李鸿章，变革希望落空后，他坚定地走上了革命道路。清帝退位后，他兑现承诺，将临时大总统之位让给了袁世凯。

青年时期的孙中山

辩证"尊孔"

尊重先贤、继承优良传统原本无可非议，孔子和以孔子为核心的儒家文化确有值得尊敬并继承、发扬的部分。同时它也必然存在这样那样的历史糟粕。当时"尊孔问题"仅是文化教育界的学术之争，袁世凯却发现了其中的机会。他先以"尊崇伦常"、提倡"礼教"等道德说教转移视线，随后便一发不可收，加上舆论界推波助澜，以及多名无耻政客的附和，"尊孔复古"最终演变成了裹挟着政治阴谋与舆论斗争的闹剧，孔子也好，儒家文化也好，都成了袁世凯复辟的工具。

袁世凯天坛祭天时穿的祭服

下乌烟瘴气，清朝遗老遗少弹冠相庆。有识之士也早已看出其中端倪：袁世凯"尊孔复古"的闹剧背后隐藏着不为人知的目的——想当皇帝。

任何阻挡时代步伐的人都是愚蠢的。尽管袁世凯凭借权术暂时阻碍了历史的车轮，但他的皇帝梦仅仅持续了不足百天便草草结束。与此同时，以孙中山为首的革命党人，掀起了反对袁世凯的武装斗争。以蔡元培、陈独秀、胡适、李大钊等为代表的一批先进知识分子，则发动了一场崇尚科学、反对迷信、猛烈抨击几千年封建帝制的思想启蒙运动——新文化运动。

陈独秀是新文化运动的主将，也是中国共产党的缔造者之一。早在清朝末期，陈独秀便接受了西方近代的自由民主思想，成为勇敢的反清斗士。他办报纸，组织革命团体，抨击清政府统治，多次受到清政府的通缉，不得不流亡国外。辛亥革命后，袁世凯妄图复辟帝制，陈独秀又继续抨击袁世凯，受到迫害后流亡日本。

1915年夏，陈独秀从日本回到上海。面对袁世凯政府倒行逆施的丑态，陈独秀强烈抨击、振臂高呼，提出要救中国、建共和，首先必须进行思想革命，把中国民众培养成为具备民主自由意识的现代公民。他发现当时的中国青年思想比较活跃，封建思想影响较少，有较强的可塑性，因此立即着手创办《青年杂志》，以此作为阵地，宣传民主自由思想，反对封建专制，改造国民性，为把全国青年培养成新一代国民而全力以赴。

在《青年杂志》创刊号上，陈独秀发表了创刊词《敬告青年》。在这篇具有历史意义的著名文章中，陈独秀对新时代的青年提出了以下要求：

——"自主的而非奴隶的"。青年人应当追求平等自主，用自己的双手劳动谋生，用自己的思想判断善恶，敢于发表自己的意见，不要迷信传统，不要盲从和依赖他人，不做他人的奴隶，也不让别人当自己的奴隶。

——"进步的而非保守的"。青年人应当跟上社会发展、时代进步的潮流，要不断求新，接受先进的事物。要清醒认识到中国固有的伦理、法律、学术、风俗已经落后于时代，不要受其束缚。

——"进取的而非退隐的"。青年人应当积极进取，在艰难的环境下勇于抗争，不能退缩，不要屈服，全力争取战胜旧势力。

——"世界的而非锁国的"。青年人应当丢掉闭关锁国的思想，了解世界，跟上世界进步的步伐。

——"实利的而非虚文的"。青年人应接受西方思想家提出的"实利主义"、

（左起）蒋梦麟、蔡元培、胡适、李大钊在西山卧佛寺合影

《青年杂志》第一卷第一号的封面与陈独秀的《敬告青年》

"据我大叔（汪孟邹）回忆，民国二年（1913），仲甫（陈独秀）亡命到上海来，'他没有事，常要到我们店里来。他想出一本杂志，说只要十年、八年的功夫，一定会发生很大的影响，叫我认真想法。我实在没有力量做，后来才介绍他给群益书社陈子沛、子寿兄弟。他们竟同意接受，议定每月的编辑费和稿费两百元，月出一本。就是《新青年》（先叫做《青年杂志》，后来才改做《新青年》）'……《新青年》愈出愈好，销数也大了，最多一个月可以印一万五六千本了（起初每期只印一千本）。"

——摘自《回忆亚东图书馆》，作者为陈独秀的挚友汪孟邹之侄汪原放

"实验哲学"，重视物质文明和现实生活问题，抛弃同时代背道而驰的旧道德、旧说教。

——"科学的而非想象的"。科学是空想的对立物，是推进历史进步、社会发展的重要因素。青年人应该重视科学，以科学的态度看问题，不能想当然地带着个人主观色彩看待世界。

《青年杂志》创刊是新文化运动兴起的标志。尽管陈独秀的文章中言辞或许有些激进，词句有些粗糙，但在那样的时代中，它就像振聋发聩的一声呐喊，成为新文化运动向旧思想、旧势力的战斗宣言。

李大钊也是新文化运动的主将和中国共产党缔造者之一。1916年，《青年杂志》更名为《新青年》，陈独秀在改刊后第一期发表《新青年》一文，号召青年做"新青年"。在同一期，李大钊发表了《青春》一文，号召广大青年冲破封建思想的束缚，

奋发努力、团结前行，为中华民族走出愚昧、不断发展；为全世界人类走向文明、获得幸福而做出自己的最大贡献。

《青春》发表之际，正值"尊孔复古"、复辟帝制的袁世凯在全国人民的反对声中一命呜呼。时代洪流奔涌向前，民主自由思想已经深入人心，中国人民已经获得了最初的思想启蒙，中华民族获得了一次重要的历史跨越。

鲁迅

李大钊清楚地看到了这一时代进步，他在文章中告诉读者，现在的中国已是"春风载阳，东风解冻"，中华民族也正在摆脱落后封建主义的束缚，走向民主自由的新生，开始进入中华民族的"青春中国"时代。

李大钊把中华民族社会进步和屹立世界的希望，完全寄托在新一代青年身上。"青年者，国家之魂"，只有他们能引导中华民族告别旧时代，创造新辉煌，只有他们能够担当"中华再造"重任，实现"青春中国之再生"。

陈独秀、李大钊为新文化运动的旗手，北大则是新文化运动的中心。1917 年 1 月，陈独秀赴任北京大学文科学长。在同为新文化干将的北大校长蔡元培的支持下，陈独秀聘任了一批提倡新文化运动的学者教授，包括李大钊、胡适、刘半农、鲁迅、周作

吴疯子

民国多大师，也多狂士，被称作"吴疯子"的吴稚晖就是个中代表。他不满蒋介石集团的黑暗统治，曾经在大白天提着灯笼去开会。蒋介石问他为何白天点灯笼，他模仿蒋介石的宁波腔说："娘希匹，这里太黑暗，太黑暗了。"还有一次，蒋介石携宋美龄去拜访他，他不喜欢宋美龄的打扮，命家人锁门关窗，蒋介石的侍卫叫了半天门，不见动静，正要离开，吴稚晖却突然推开窗户，指着蒋介石、宋美龄大喊："吴稚晖不在家！"他还曾经抡着拐杖追打戴笠，边追边骂，最后气呼呼地说："可惜，撵不上这个狗杂种。"

人等，加上原北大的沈尹默、钱玄同等学者，新文化斗士们齐聚北大，形成了推动新文化运动发展的学者阵营。与此同时，陈独秀还将《新青年》编辑部从上海迁到了北京。《新青年》成了新文化运动的有力武器，李大钊、鲁迅、钱玄同、刘半农、周作人、胡适、沈尹默以及北大教授高一涵等新文化健将，均成为其作者或编辑，在那个风云激荡、新旧交替的时代，频频发出推崇新学、倡导自由，反抗旧体制的宣言和呼喊。

后来的中国人民的伟大领袖毛泽东，正是在这样的氛围中学习和成长起来的。1918 年，25 岁的毛泽东来到北京。他未来的岳父、杨开慧的父亲，他在长沙湖南第一师范读书时的老师，时任北大哲学系教授的杨昌济，给校长蔡元培写了一封信，推荐他的学生毛泽东到北大工作。蔡元培给北大图书馆馆长李大钊写了张便条，"毛泽东欲在本校谋一半工半读工作，请设法在图书馆安置"，随后毛泽东便被安排在图书馆，负责新到报刊和阅览人姓名的登记工作，每月工资仅 8 个大洋。但正是这份工作，让毛泽东接触到了更多先进思想，掌握了更多的政治和社会知识，为他之后带领中国走向新生奠定了坚实基础。

II 第二章
红色的起点

十月革命后苏联的宣传画

五四运动之后，中国各地陆续出现了400多种进步刊物，载文介绍、传播和研究国外各种新思潮。……毛泽东在《湘江评论》中热情欢呼："时机到了！世界的大潮卷得更急了！洞庭湖的闸门动了，且开了！浩浩荡荡的新思潮业已奔腾澎湃于湘江两岸了！……"

1."十月革命"一声炮响

由于缺乏强大国力和政治力量支撑，尽管有陈独秀、李大钊等人为首的广大有识之士为国家前途、民族命运奔走疾呼，新文化运动依旧无法拯救深陷泥潭的中国。北洋军阀牢牢占据着统治地位，帝国主义还在华夏大地上横行，受剥削和压迫依旧是中国人民无法摆脱的命运。

就在此时，与中国相邻的俄国爆发了著名的十月革命。

《民国日报》以"突如其来俄国之大政变"为题，报道"十月革命"情况

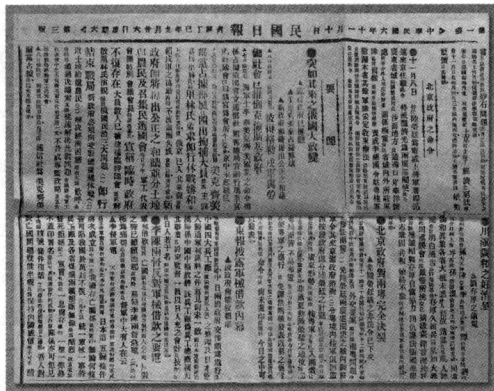

油画《列宁宣布苏维埃政权成立》，（苏）弗·谢罗夫作。

1917年11月7日，俄历10月25日，列宁领导的布尔什维克，在彼得格勒（圣彼得堡），领导工人阶级，联合广大农民，向资产阶级临时政府所在地冬宫发起总攻，推翻了临时政府。当晚，召开了第二次全俄苏维埃代表大会，宣布临时政府被推翻，中央和地方全部政权转归苏维埃。随后，组建了以列宁为主席的第一届苏维埃政府——人民委员会，世界上第一个社会主义国家就此宣告诞生。因为革命发生在俄历10月，故称之为十月革命。

所谓"布尔什维克"，是俄语"多数派"的音译。它的主要成员都是工人，因此它是一个代表着工人阶级利益的政党。它的领袖是职业革命家列宁。"苏维埃"则是俄文"代表会议"的音译，指的是由工人和农民选出代表，通过召开代表会议，决定国家大事。而"苏维埃政府"，是指由工人和农民代表会议选举政府官员，由这些官员组建成政府来管理国家。

布尔什维克领导着俄国工人和农民取得了十月革命的胜利，建立了由工人和农民代表组成的社会主义国家。这个创举震惊了全世界，它向西方的资本主义国家展示出了人民群众的巨大力量，也向全世界发出了社会主义国家的呐喊。

十月革命的消息传到中国，立即引起先进知识分子的极大关

"马客士"和"里林"

"马克思"之名最初传入中国时，曾被译为"马客士""马客"甚至"麦喀士"。最早使用"马克思"这三个字的是上海的《万国公报》，但该报误认为马克思是英国人。"里林"，则是列宁最初的中文译名，此外还有"里宁""李宁"等。

注。大量探索救国道路的有识之士开始深入研究布尔什维克，开始学习和理解带领俄国十月革命的指导思想——马克思主义。他们阅读马克思主义的著作，研究马克思主义学说，学习俄国十月革命经验，希望从中寻找到拯救中国的科学途径。当时的一位青年学生积极投入这场学习热潮中，他就是毛泽东。对此，他曾经打过一个形象的比方："十月革命一声炮响，给我们送来了马克思列宁主义。"

2. 掀起五四浪潮

俄国十月革命与第一次世界大战息息相关，中国同样卷入了第一次世界大战，并且是战胜国。

"一战"与十月革命

第一次世界大战前，俄国是五大交战国（英、法、美、德、俄）中最落后的国家，准备也最不充分。至1917年，俄国已有数百万人伤亡，前线的很多士兵连鞋子都没有，甚至几个人共用一支枪。国内大片耕地荒芜、工厂倒闭、物价飞涨、食物极度短缺，连首都彼得格勒（圣彼得堡）都出现了罢工、停业、排队购买面包的情景。1917年3月8日(俄历2月)，俄国爆发了二月革命，末代沙皇尼古拉二世被迫退位，资产阶级临时政府成立。但俄国并没有退出战争，并且在随后的交锋中惨败于德国；财政方面，则继续沿用沙俄时代的财政和税收政策，导致通货膨胀进一步恶化。与此同时，以列宁为首的布尔什维克提出了"土地、和平与面包"的反战宣言，赢得了俄国士兵和农民的大力支持。11月，十月革命爆发，临时政府被推翻，苏维埃政权得以建立，世界上第一个社会主义国家宣告诞生。

巴黎和会

所谓"巴黎和会"，无非是帝国主义国家重新瓜分殖民地的分赃大会，连参会代表席位都是按国家实力区分的：一等强国美、英、法、意、日，各有5个参会代表席位，二等国降为3个，末等的国家只有2个代表名额。中国，就被屈辱地划分为末等国家，只有2个席位，发言权极其有限。而作为五强之一的日本，它在"一战"中，只基于其侵略本性打了一仗，那就是驱离了盘踞在中国青岛和胶济铁路沿线的德国人并取而代之。日本人参加巴黎和会，目标也不外乎是把它抢占的原德国在中国山东的利益"合法"化。

当时全国人民都为之欢呼，盼望能够借此机会改变中国持续了几十年的屈辱史，改变中国半殖民地国家的耻辱地位。但弱国无外交，在巴黎和会上，作为战败国的德国原先在中国山东的利益，居然被转让给了同为战胜国的日本！

消息传来，国人"胶州亡矣！山东亡矣！国不国矣！"的痛呼声震耳欲聋。值此际，北京大学校长蔡元培先生又从国民外交协会理事汪大燮处获悉，北洋政府国务院竟然密电参会的中国代表在丧权辱国的《凡尔赛和约》上签字！蔡元培迅速赶回学校，将消息告诉了北大学生许德珩、傅斯年、罗家伦、段锡朋、康白情等人，鼓励他们行动起来。当天下午，许德珩等人就约集北京各校代表，召开紧急会议，通知于5月3日晚7时，在北大法科大礼堂召开全体学生大会，同时约请北京的清华大学、中国大学等13个中等以上学校的学生代表参加。会议通知公布后，很多学生彻夜未眠。事实让大家明白，这一次必须亲自上阵。

1919年1月18日，第一次世界大战的战胜国在巴黎凡尔赛宫召开和平会议，图为巴黎和会会场

五四爱国运动爆发

1919年5月4日下午3点，近3000名学生从西面八方涌向天安门广场，人人手里都高举着白色的旗帜，上书"还我青岛""头可断青岛不可失""取消二十一款""誓死不承认军事协定""诛卖国贼曹汝霖陆宗舆章宗祥"等。学生们在天安门集合后，马上整队出发，一路高呼口号，慷慨激昂，出中华门，直奔东交民巷使馆区，市民也纷纷加入队伍中。刚到东交民巷，就被警察阻挡，双方相持两个小时仍无法通过。中国还没亡，中国人就不能在自己的国土上自由通行了？！这使得学生们更加义愤填膺，于是大家决定，前往赵家楼，去找帝国主义的走狗，签订卖国的"二十一条"的代表之一交通总长曹汝霖算账。来到曹宅，只见大门紧闭，且有几十名警察守卫，无

美国与巴黎和会

北洋政府的外交代表们寄希望于美国等强国主持公理与正义，帮中国收回山东主权。在会议发言中，顾维钧公使慷慨陈词，有力驳斥了日本的无理要求，并深情阐述道："山东是中华文明的摇篮，是孔子和孟子的故乡，是中国的圣地，让外国统治山东，就像在中国的心脏插上一把尖刀。"其发言博得了与会代表的肯定和赞扬。"一战"最大的获利者——美国，为与日本争夺利益，也一直表示支持中国。但当日本态度强硬地以退出和会为要挟时，美国为了不使和会流产，加之其既得利益并不受损，最终选择了牺牲中国，满足日本。

37

1919 年 5 月 5 日,上海《新申报》为五四运动爆发印发的号外

法入内。学生们施展策略,三五人围住一个军警,向他们宣传爱国道理,另一些学生则趁乱翻墙冲入曹宅。曹汝霖躲藏在暗室,学生们只见到另一个卖国贼章宗祥,遂一拥而上,将其痛打一顿。激愤之中的学生们临走还泼上汽油,将曹府点火焚烧。这就是著名的"火烧赵家楼"。北洋政府随即出动军警镇压,共逮捕示威学生 32 名。

第二天,北京各大中专学校宣布实行总罢课,并通电各方请求援助,营救被捕学生。学生们在斗争中迅速联合起来,于 6 日成立了北京中等以上学校学生联合会,还呼吁社会各界一致联合,齐心协力"外争主权,内除国贼"。学生们的爱国行动迅速传遍全国,北京、天津、上海等城市的学生和社会各界纷纷通电支持,强烈要求北洋政府迅速释放被捕学生。对此,北洋政府不得不于 5 月 7 日释放了被捕学生,这是五四反帝爱国运动的一个胜利。但北洋政府逼走了同情学生运动的北大校长蔡元培,下令禁止学生干预政治,并扬言要严厉镇压。

北洋政府的种种逆行,进一步激怒了各阶层人民。经多次酝酿,北京中等以上学校学生联合会于 5 月 18 日召开紧急会议,决定从 19 日起北京学生实行总罢课。到 5 月 21 日,罢课规模扩大到 25 000

三大卖国贼

1915 年,袁世凯因急于复辟,为取得日本支持,命令时任外交总长陆征祥、外交次长曹汝霖、驻日全权公使陆宗舆,同日本公使谈判,最终部分签订了丧权辱国的"二十一条"。在此基础上,1916 年新任驻日特命全权公使章宗祥,与当时已成为交通总长的曹汝霖、前驻日公使陆宗舆勾结,在段祺瑞指使下,与日本政府秘密谈判,先后订立了出卖中国主权的《中日陆军共同防敌协定》和《中日海军共同防敌协定》。1917 年 9 月,中日双方签订了济顺、高徐铁路抵押借款 2 000 万日元的合同,由于其中涉及山东问题,在合同签订前的 9 月 24 日,日本外务大臣照会驻日本公使章宗祥,要求中国同意日本驻兵济南、青岛,以及在经营和管理胶济路方面享有种种特权,也就是以此作为借款的条件。章宗祥接到照会后,当日就复照,表示"欣然同意"。这份"欣然同意"的换文就成为日后巴黎和会上日本拒不退还山东的借口。五四运动爆发后,曹汝霖、陆宗舆、章宗祥成为卖国贼的三大代表。爱国学生们高喊着"外争主权,内除国贼"的口号,最终迫使北洋政府罢免了他们的职务。

人。学生们还纷纷走上街头，组织讲演团，进行提倡国货、抵制日货的爱国宣传，他们的影响面越来越大，使更多的人加入斗争中来。五四爱国运动的汹涌声势，令日本帝国主义极其恐慌。在日本驻华公使的"警告"下，一向顺从日本帝国主义的北洋政府，开始采取各种高压手段，对学生及各阶层人民进行镇压。6月3日，北京学生在街头讲演时被北洋政府逮捕178人。次日，又拘

1919年6月，上海各界罢工、罢课、罢市，声援学生

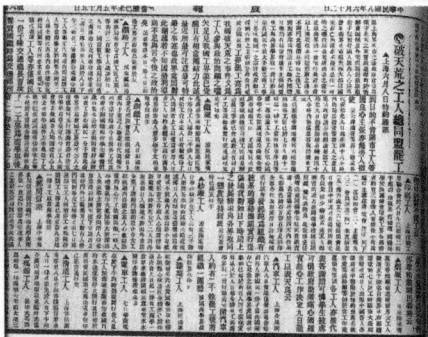

1919年6月12日，北京《晨报》关于上海工人罢工的报道

上海大罢工

上海是当时中国工商业最发达、工人阶级最集中的城市。其一举一动牵动着全国局势。当五四运动的消息传到上海后，上海学生首先行动起来，工人阶级及各界人士随之而起。运动进入高潮，席卷纺织、造船、机器、印刷、烟草、火柴、造纸、铁路、海运、码头各个行业，工厂机器停转，烟囱停止冒烟，水陆交通中断，码头陷于停顿，全市陷于瘫痪。中国工人阶级，以如此巨大的规模参加反帝爱国运动，在历史上还是破天荒的事情，它标志着一个新时代的开始。两年后，中国共产党于上海诞生。

禁学生700多人。但这种高压只能收到相反的效果，第三天上街演讲的学生达到5 000多人，社会影响更加扩大。天津、上海、济南、长沙、武汉、南京、成都、苏州等大中城市及其他各地的学生，纷纷罢课、集会游行。法国、日本等地的中国留学生，也以各种形式响应和参加爱国运动，形成了声势浩大、规模空前的反帝爱国潮流。

在巨大压力下，北洋政府不得不做出让步。6月6日至7日，释放了被捕学生，并公开道歉；6月10日，又宣布罢免曹汝霖、陆宗舆、章宗祥3个卖国贼的职务，北洋政府的国务总理钱能训亦引咎辞职。6月28日，巴黎和会对德和约签字，中国代表团拒绝出席该会议，也没有在该项和约上签字。这在中国近代外交史上尚属空前，也标志着历时50多天的五四反帝爱国运动实现了预期目的。

五四运动前，中国也发生过多次反对帝国主义和封建军阀的政治行动，可是它们或者是单纯的军事行动，或者是只有较少人参加的爱国活动。五四运动则大不相同，它所牵动的社会面是如此之广，它所表现出的意志是如此顽强，使反动势力张皇失措。

中国共产党早期领导人之一——瞿秋白，在五四运动后这样描述自己的思想变动历程："五四运动陡然爆发，我于是卷入漩涡，孤寂的生活打破了。……中国民族几十年受剥削，到今日才感受殖民地化的况味。帝国主义压迫的切骨的痛苦，触醒了空泛的民主主义的噩梦。学生运动的引子，山东问题，未来就包括在这里。工业先进国的现代问题是资本主义，在殖民地上就是帝国主义，所以学生运动倏然一变而倾向于社会主义，就是这个原因。"

同盟会最早的会员之一——吴玉章在回忆五四运动时说："这是真正激动人心的一页，这是真正伟大的历史转折点。从前我们搞革命虽然也看到过一些群众运动的场面，但是从来没有见到过这种席卷全国的雄壮浩大的声势。在群众运动的冲击震荡下，整个中国从沉睡中复苏了，开始焕发出青春的活力，一切反

1919 年 6 月 11 日，天津学生团为庆祝五四运动取得初步胜利合影留念

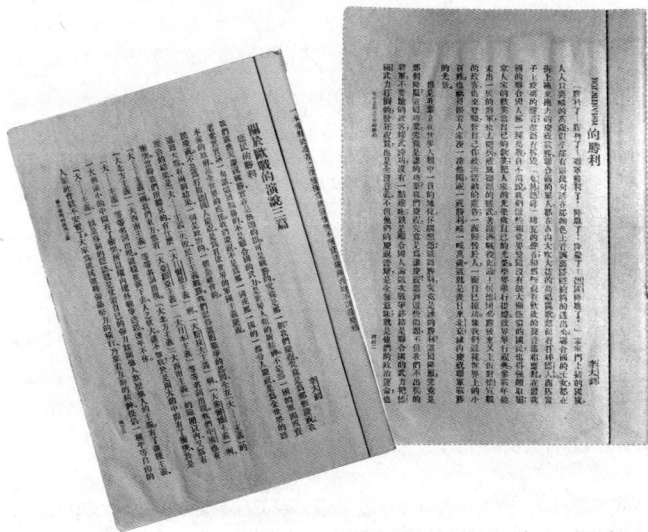

左：李大钊发表的《庶民的胜利》
右：李大钊发表的《Bolshevism
　　的胜利》

动腐朽的恶势力都显得那样猥琐渺小，摇摇欲坠。……在人民群众中所蕴藏的力量一旦得到解放，那才真正是惊天动地、无坚不摧的。"

五四运动以后，很多中国进步人士经过对各种社会主义思潮的比较研究，逐步地在马克思主义的旗帜下集合起来。他们认识到了工人阶级的无穷力量，然后毅然决然地脱下学生装，穿上粗布衣，走到工人群众中去。五四运动促进了马克思主义与中国工人运动的有机结合，为中国共产党的成立准备了条件，揭开了中国新民主主义革命的序幕。

3. 中国马克思主义第一人——李大钊

辛亥革命前，中国学界对马克思了解甚少。只大概知道他是个德国人，主张阶级斗争和社会主义，还是个所谓的"百工领袖"，即各行各业工人的领袖。在动荡不安的中国社会，在封建主义思想牢牢钳制的中华大地，马克思及其学说并未得到重视和传播。俄国十月革命胜利的消息传到中国，作为其指导思想的马克思主义得到了中国学界空前的重视。与此同时，对待马克思学说的态度不同，促使新文化运动倡导者们出现了分化。其中，李大钊是首位接受和宣传马克思主义的先进分子。

李大钊，字守常，1889年10月出生于河北乐亭县大黑坨村，不到两岁，父母就先后去世，由祖父李如珍抚养成人。1907年，李大钊考入天津北洋法政专门学校。青年时代的李大钊，就因为目睹了中国在帝国主义侵略下的危亡局势和黑暗状况，产生了强烈的爱国热忱，立志要为苦难的中国寻求出路。1913 年，他赴日求学，在东京早稻田大学攻读政治学。这期间，李大钊受到日本著名马克思主义者、京都帝国大学教授河上肇的影响，开始接触社会主义思想和马克思主义学说。接受了马克思主义的李大钊于 1916 年 5 月回国，在北京创办《晨钟报》，后又任《甲寅日刊》编辑，并积极参与新文化运动。

　　1917 年，俄国十月革命一声炮响，犹如春雷震撼大地，惊醒了全世界。十月革命为世界无产阶级树立了革命的榜样，也使中国人民看到了革命的前途与希望。中国先进知识分子开始如饥似渴地学习、宣传马克思主义思想。1918 年 1 月，经章士钊推荐，李大钊开始到北京大学担任图书馆主任，后兼任经济学教授，参

李大钊（前排左三）与早稻田大学教员及同学合影

1919 年 7 月，李大钊等人先后成立了少年中国学会和北京大学马克思学说研究会，研究和传播马克思主义。图为少年中国学会部分会员合影，右三为李大钊

加《新青年》杂志的编辑部工作。当时的北京大学，经过新文化运动的洗礼，已经成为全国瞩目的传播新思想最为活跃的地方，而北大图书馆中，也保存有一部分马克思、恩格斯、列宁的著作和书籍，尽管都是外文，在当时已经算很难得的了。李大钊正是在这里逐步明确并鲜明地站到了马克思主义立场上来，从而成为中国最早的马克思主义者。

五四运动前后，马克思主义思想虽然在中国大地上广泛受到认同，但更多的人都对马克思主义缺乏深入了解，而李大钊基于其对马克思主义的认识，同时参考了一些国外学术资料，撰写了很多阐述、评论和宣传马克思主义的文章。

1919 年 4 月，李大钊等主编的《每周评论》刊登了《共产党宣言》第二章"无产者和共产

信仰的力量

中国共产党成立时，李大钊、陈独秀都是北京大学的教授，月薪 300 元大洋。当时的物价是 1 元大洋可以买 4 袋白面，一个普通警察的月薪不过是 7 元大洋，颐和园的门票是 2 元大洋，普通市民根本不敢问津。除了高官显贵之外，周末能去颐和园游玩的只有北大的教授学者。可以说月薪 300 元大洋在那时已经可以过上相当不错的生活，更何况执教之余还有丰厚的稿酬收入。如果仅仅从个人利益着想，李大钊、陈独秀根本就没必要参与创建中国共产党。（节选自《胜因》，作者武更斌）

党人"的摘译文。5月5日，适逢马克思诞辰101周年纪念日，李大钊在北京《晨报》副刊开辟了"马克思研究"专栏，大量登载马克思等人的译著，介绍马克思、列宁的传略与马克思列宁主义，以及介绍俄国革命和建设的文章。该专栏连载的马克思《雇佣劳动与资本》，是马克思著作在中国的第一部完整的中译本。

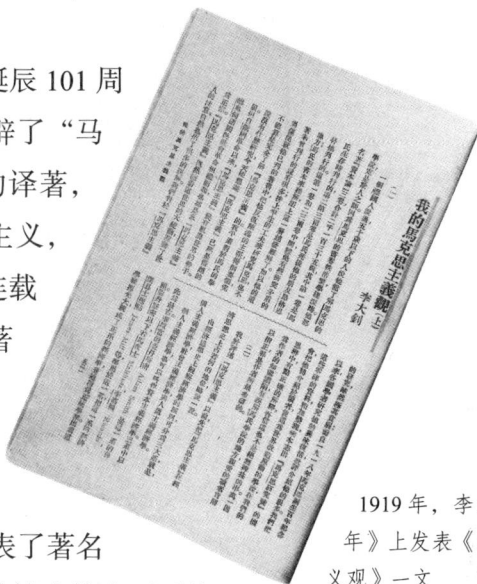

1919年，李大钊在《新青年》上发表《我的马克思主义观》一文

1919年，李大钊负责编辑出版《新青年》杂志第六卷第五、六号，这两期是"马克思主义研究专号"，其间，李大钊发表了著名的《我的马克思主义观》一文，这是我国首篇比较全面系统地介绍马克思主义的论著。李大钊在文章中首先表明了撰文的宗旨，那就是要使中国人民对马克思主义有一个正确的认识。文章对于马克思主义的三个组成部分——唯物史观、政治经济学和科学社会主义，分别做了阐述，指出："他这三部分理论，都有不可分割的关系，而阶级竞争说恰如一条金线，把这三大原理从根本上联络起来。"历史地看，李大钊这篇文章在中国的马克思主义发展史上具有划时代的意义，同时它也表明李大钊完成了从一个民主主义者向马克思主义者的转变。

智退密探

李大钊在组织马克思学说研究会时，故意将学会称作"马尔克斯研究学会"，为的是让人误以为是"马尔克斯学说研究会"，以避开警方注意。就这样，依然有密探找上门来，声色俱厉地警告"不许传播过激主义"。李大钊反问："先生，请问你知道什么是马尔克斯学说吗？"密探答不上来，只好强词夺理："反正不是好东西！"李大钊说："先生之言错矣。马尔克斯是世界上鼎鼎大名的人口学者，他的学说是研究人口的理论，与政治无关，与过激主义无关！"另外几个教授也适时大谈特谈"马尔克斯人口论"是怎么回事，密探如堕五里雾中，只得悻悻离去。

1920 年 3 月，李大钊在北京大学一批青年学生中发起组织了一个马克思学说研究会，利用从北大图书馆借来的一部分马克思、恩格斯和列宁的著作以及与此有关的一些书籍，分别阅读，对一些不懂外文的同学则请通晓外文的人帮助他们翻译、理解。1920 年下半年，李大钊又在北京大学等五所高等学校开设现代政治、唯物史观、社会主义和社会运动、史学思想、女权运动史等课程，向学生们系统地讲授马克思主义。许多进步青年在他的影响下逐步接受了马克思主义，其中包括中国共产党早期著名活动家，如邓中夏、高君宇等，就连毛泽东和周恩来也都直接或间接地受到过他的思想影响，真可谓中国传播马克思主义第一人。

1918 年 6 月，陈独秀（前排右二）与北京大学师生合影

4. 陈独秀与《谈政治》

五四运动之后，另一共产主义先驱——陈独秀，成了在中国传播马克思主义最具影响力的人物，这与他当时的思想转变和社会声望密切相关。

陈独秀，字仲甫，号实庵，安徽省怀宁县人。他是新文化运动的主要倡导者和精神领袖，《新青年》杂志的创办者，被毛泽东誉为"五四运动的总司令"，赫赫有名，当时一大批进步青年都团结在他身边。

五四运动前后，滚滚而来的社会主义思潮使陈独秀对资产阶级民主的质疑不断增长，他已不再满足于对抽象的"民主"与"科学"的追求，而是通过《新青年》郑重宣告："我们相信世界上军国主义和金力主义（指帝国主义和资本主义），已经造了无穷罪恶，现在是应该抛弃的了！"他对新社会的设想中，开始表现出对具体的俄国式革命的热烈向往。

1920年夏秋，陈独秀的思想发生了质的飞跃。9月，陈独秀在《新青年》杂志上发表了长篇论文《谈政治》，否定了自己原来只改造思想，不谈政治的立场，中肯地提出"你谈政治也罢，不谈政治也罢，除非逃在深山人迹绝对不到的地方，政治总会寻着你的"。陈独秀开始明确把自己定义为一个共产主义者、"信仰列宁主

陈独秀被捕

五四运动爆发后，作为新文化运动的倡导者，陈独秀积极投身其中。1919年6月9日，刚刚辞去北大教授一职的陈独秀，亲自起草并印发了《北京市民宣言》，向北洋政府提出对日外交不抛弃山东省经济上之权利、市民须有绝对集会言论自由权，以及罢免曹汝霖、陆宗舆、章宗祥等六名卖国贼官职并驱逐出京等六项要求。11日晚8时，陈独秀拿着1 000多份印好的传单，悄悄潜入北京前门外新世界商场，在第二次散发时被在此蹲守的外五区侦缉队密探捕获。次日，陈独秀被解送京师警察厅，审讯中，陈独秀慷慨陈词，对所做事实供认不讳，京师警察厅以"妨害社会治安，蛊惑民心，煽动暴动"等罪名判定陈独秀有罪。此案随即被国民公报馆披露，并在社会上引起巨大风波，社会各界纷纷谴责北洋政府破坏舆论自由，摧残近代思潮，要求尽快释放陈独秀。1919年9月16日，在社会各界营救、声援下，饱受3个月铁窗之苦的陈独秀终于被保释。

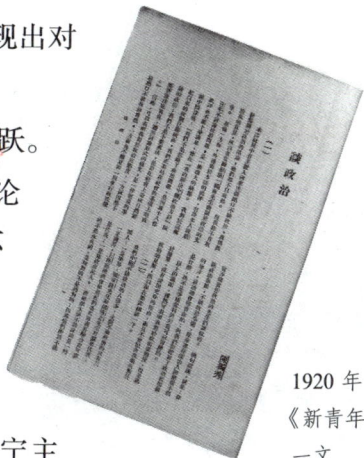

1920年9月，陈独秀在《新青年》上发表《谈政治》一文

陈独秀和李大钊创办的
宣传马克思主义的《每周评论》

陈独秀被保释出狱后，李大钊热烈欢迎，欣然提笔，写了《欢迎独秀出狱》一诗：

你今出狱了，
我们很欢喜！
他们的强权和威力，
终究战不胜真理。
什么监狱什么死，
都不能屈服了你；
因为你拥护真理，
所以真理拥护你。

——《欢迎独秀出狱》节选

陈独秀与胡适

胡适原是陈独秀的"亲密战友"，二人同为新文化运动的主将，胡适还是《新青年》的一支笔，被陈独秀赞为"今日中国文界之雷音"。但后期，陈独秀向"左"转，胡适向右转，最终分道扬镳。陈独秀的《谈政治》，是对胡适等人的态度鲜明的批评。

义"，并开始宣传阶级斗争和无产阶级专政的必要性，同时颂扬马克思主义阶级斗争学说和俄国革命经验。在文中，他以鲜明的科学社会主义思想同温和的社会主义和无政府主义针锋相对，他写道："我们要明白世界各国里面最不平最痛苦的事，不是别的，就是少数游惰的消费的资产阶级，利用国家、政治、法律等机关，把多数勤苦的生产的劳动阶级压在资本势力底下，当作牛马机器还不如。要扫除这种不平，这种痛苦，只有被压迫的生产的劳动阶级自己造成新的强力，自己站在国家地位，利用政治、法律等机关，把那压迫的资产阶级完全征服，然后才可望将财产私有、工银劳动等制度废去，将过于不平等的经济状况除去。若是不主张用强力，不主张阶级战争，天天不要国家、政治、法律，天天空想自由组织的社会出现，那班资产阶级仍旧天天站在国家地位，天天利用政治、法律。如此梦想自由，便再过一万年，那被压迫的劳动阶级也没有翻身的机会。……利用政治的强权，防止他们的阴谋活动；利用法律的强权，防止他们懒惰、掠夺，矫正他们的习惯、思想都很是必要的方法。"

《谈政治》一文是陈独秀转变为马克思主义者的宣言书，从这时起，陈独秀已经把立足点移到了无产阶级一边，主张改造中国必须走马克思主义指引的道路，他已经从一个具有初步共产主义思想的知识分子，转变为一个早期的马克思主义者了。

陈独秀的转变，同李大钊相比虽然稍晚，可是，当实现了这一转变之后，他在对广大进步青年进行有力引导和促进方面的重要性立即显现出来。他在此后的《新青年》杂志的每一期中都辟出了"俄罗斯研究"专栏，详细介绍经过十月革命后的俄国状况；他的《谈政治》以及后来陆续发表的《社会主义批评》《致无政府主义者区声白的信》等一系列文章，对宣传科学社会主义都具有比较充分的说服力，他的论著被青年们誉为"研究马克思

青年时期的毛泽东

求学时代的毛泽东便关心国是，以天下兴亡为己任。黄花岗起义失败后，他曾在学校张贴文章，支持推翻清政府、建立民国，并带头剪掉辫子。武昌起义爆发后，他曾加入革命军。日本人采取威逼利诱等手段，迫使袁世凯政府签订《民四条约》后，毛泽东愤而写下四言诗："五月七日，民国奇耻；何以报仇，在我学子。"图为毛泽东 1919 年摄于长沙。

学说的最好的入门书"。毛泽东后来曾回忆，陈独秀谈他自己的信仰的那些话，在毛泽东一生中可能是关键性的这个时期，对其产生了深刻的影响。

5. 毛泽东与《湘江评论》

《湘江评论》是毛泽东创办并亲自主编的正式刊物，是五四时期以湖南学生联合会名义在长沙出版发行的一张四开四版小型报纸，每周一张。自 1919 年 7 月 14 日创刊号问世，至 8 月中旬被军阀张敬尧查封，共出版发行四期与临时增刊第一号。

1919 年春天，毛泽东因母亲病重，从北京返回湖南。这时的毛泽东通过在北京耳濡目染种种新思想，已眼界大开，对救亡

图存有了更多的想法。他回到长沙后，经同学周世钊推荐，在修业小学担任历史教员，每周上6节课。工资虽然不高，但这使毛泽东有了更多时间同长沙的新民学会会员加强联系，直接投身社会活动。

五四运动以后，研究和传播马克思主义成为中国进步思想界的主流，中国各地先后出现了400多种进步刊物，这些刊物的绝大多数都载文介绍了社会主义观点。湖南学联根据毛泽东的提议，决定创办《湘江评论》杂志，并聘请他担任主编和主要撰稿人。

7月14日，《湘江评论》正式出版创刊号，毛泽东亲自撰写了"创刊宣言"，热情欢呼："时机到了！世界的大潮卷得更急了！洞庭湖的闸门动了，且开了！浩浩荡荡的新思潮业已奔腾澎湃于湘江两岸了！顺他的生。逆他的死。如何承受他？如何传播他？如何研究他？如何施行他？这是我们全体湘人最切最要的大问题，即是'湘江'出世最切最要的大任务。"

《湘江评论》以"宣传最新思潮"为办报宗旨，对国内外最新革命形势进行报道、评论，发表了大量充满革命激情与富有批判精神的文章，介绍了有关政治、教育的最新思想。可以说，每一号散发着油墨清香的《湘江评论》，都是为读者准备的营养丰富的思想大餐。25岁的毛泽东全力投入

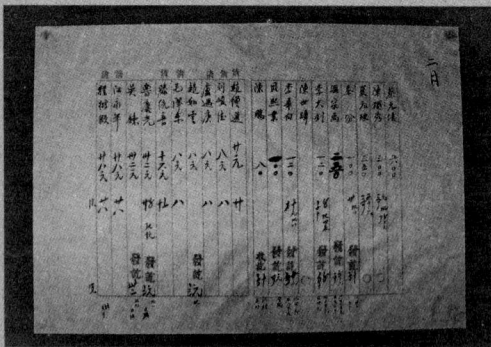

1919年2月的北京大学职员薪金底册，册内显示毛泽东月薪8个大洋

毛泽东在北京大学

1936年，毛泽东曾对斯诺谈及如下回忆："我的职位低微，大家都不理我。我的工作中有一项是登记来图书馆读报的人的姓名，可是对他们大多数人来说，我这个人是不存在的。……但是我并不灰心。我参加了哲学会和新闻学会，为的是能够在北大旁听。……我在李大钊手下在国立北京大学当图书馆助理员的时候，就迅速地朝着马克思主义的方向发展。"

到了《湘江评论》的编辑工作之中。预约的稿子常常不能收齐，他只好代笔补白。7、8月间正是长沙酷暑时节，蚊叮虫咬，一般人不胜其苦，毛泽东却在简陋的宿舍中，与蚊虫为伴、与汗水为伍，满怀激情、奋笔疾书，夜夜工作至天明。一个多月内，毛泽东竟为《湘江评论》写了40篇文章。文章写好了，还要自己编辑，自己排版，自己校对，有时还得亲自上街叫卖。他此时的生活异常艰苦，修业小学给他的薪水除吃饭外没什么剩余，他的行李只有旧蚊帐、旧被套、旧竹席，身上的灰布长衫和白布裤也很破旧。但在这种窘困生活中，青年毛泽东的思想探索进入最活跃的状态。

毛泽东在《湘江评论》上第二、三、四期连载了他的长篇论文《民众的大联合》，文中，他第一次公开赞颂了俄国十月革命及其影响。他说："俄罗斯打倒贵族，驱逐富人，劳农两界合立了委办政府，红旗军东驰西突，扫荡了多少敌人，协约国为之改容，全世界为之震动。"

在这篇文章中，毛泽东的思想向前跨出了一大步，开始走向历史唯物主义。他意识到："世界上什么问题最大？吃饭问题最大。""社会制度之大端为经济制度"，贵族、资本家及其他强权者，"所赖以维持自己的特殊利益，剥削多数平民的公共利益者"，无非就是"知识""金钱"和"武力"这样一些东西。所以，今后他要"踏着人生社会的实际说话"，"研究实事和真理"。

毛泽东此前总是极力推崇圣贤在历史上的创造作用，殷切期待"大哲学家""大伦理学家"出世，担当起改造人们思想和世界的重任。但从十月革命和五四运动的历史实际中，他开始看到了过去自己没有发现的人民大众显示出来的巨大力量，开始觉得许多人虽然"办了些教育，却无甚效力"，从而明确提出实行社会改造的"根本的一个方法，就是民众的大联合"，"因为一国的民众，总比一国的贵族资本家及其他强权者要多"，"历史上的运动不论是哪一种，无不是出于一些人的联合。较大的运动，必有较大的联合"。为此，他号召占中国人口大多数的农民联合起来，为减轻地租捐税、解决吃饭问题而进行抗争；号召学生、教员、妇女各界根据自己的切身利益和要求联合起来，最终实现民众的大联合。从此以后，他总是把自己置身于民众之内，依靠民众的大联合，来实现救国救民的理想。

《湘江评论》只存在了1个多月，就因为宣传"过激主义"遭到军阀张敬尧的查禁，但它被公认为是五四时期最出色的革命刊物之一，影响十分深远。创刊号原本印了2 000份，推出后马

1919年7月21日出版的《湘江评论》临时增刊第一

上卖完了，加印了 2 000 份，仍不能满足需要。不少进步青年，如任弼时、郭亮、萧劲光，就是在《湘江评论》的直接影响下开始觉悟的。北京、上海、成都的一些报刊，都转载过它的文章。《每周评论》第 36 期上刊载过胡适的一篇文章——《介绍新出版物》，其中谈道："《湘江评论》的长处是在议论的一个方面。第二、三、四期的《民众的大联合》一篇大文章，眼光很远大，议论也很痛快，确是现今的重要文字。"

"指点江山，激扬文字，粪土当年万户侯。"经过五四浪潮和马克思主义的思想洗礼，毛泽东正逐步从一个爱国青年成长为一个真正的马克思主义者。

6. 周恩来与觉悟社

　　天津市河北区宙纬路三戒里 4 号，有一座由 7 间青砖平房组成的小院，这座小院，就是五四运动时期鼎鼎大名的觉悟社旧址。觉悟社，曾经是中国革命思想策源地，是那个年代最为进步

1919 年 9 月，周恩来等在天津成立觉悟社，学习、研究、宣传马克思主义，图为部分成员合影，后排右一为周恩来，右五为马骏；前排右二为刘清扬，右三为邓颖超

的学生的大本营，从那里走出了好几位新中国缔造者，周恩来就是其中之一。

1919年，周恩来从日本留学回国后，参加了天津的五四运动，并领导天津学生进行了赴京请愿斗争。9月2日，周恩来和郭隆真、张若茗等7人一起坐火车从北京返津。在回津的火车上，他们热烈地交谈着，并对能够打破封建观念束缚，将以南开学校、高等工业学校等男校为主的天津学生联合会和以第一女子师范学校为主的女界爱国同志会两大爱国学生运动团体进行联合，进而形成统一的领导核心这一问题，进行认真的酝酿和讨论。最后，周恩来提出主张，"学习北京的经验，从两个团体中选出一些骨干分子，组成一个比学联等更严密的团体，从事科学和新思潮的研究，并出版一种刊物，作为引导社会的先锋"，这一提议得到了大家一致赞同。

回到天津后，周恩来往返奔走，不断与持各种观点的同学交换意见，求同存异，统一思想，进行了一系列的觉悟社筹建工作。1919年9月16日，天津学生联合会和天津女界爱国同志会的男女各10名进步青年，组成了革命团体——觉悟社。在成立大会上，周恩来被推举为会议主持人，并负责起草觉悟社宣言。"觉悟"是当时进步青年中十分流行的一个名词，觉悟社宣言中写道："'觉悟'的声浪，在二十世纪新潮流中，蓬勃得很厉害。我们中国自从去岁受欧战媾和的影响，一般稍具普通常识的人，也随着生了一种很深刻的'觉悟'；凡是不合于现代进化的军国主义、资产阶级、党阀、官僚、男女不平等界限、顽固思想、旧道德、旧伦常……全认他为应该铲除应该改革的。有了这种'觉悟'，遂酝酿成这次全国的'学潮'，冲动了全国的学生界，人人全想向'觉悟'方面走。"所以觉悟社的宗旨是本着"革心""革

1917年，周恩来从天津南开学校毕业后，在赴日本求学前夕，作诗《大江歌》一首：

大江歌罢掉头东，
邃密群科济世穷。
面壁十年图破壁，
难酬蹈海亦英雄。

新"的精神，求大家的"自觉""自决"。周恩来在宣言中号召："社会上所有的人都向'觉悟'道路上走。努力！奋斗！"

觉悟社的社刊是《觉悟》，由周恩来担任主编。社员们废除姓名，用抓阄的办法决定各自的代号，再以代号的谐音作为化名对外工作，并在《觉悟》杂志上发表文章，如周恩来为伍豪（即5号），邓颖超为逸豪（即1号），赵光宸为"奈因"（即9号，用英文"nine"的谐音），马骏为"念久"（即29号，用廿和九的谐音）。

觉悟社成立后的第一个活动，就是请时任北京大学教授、五四时期著名的马克思主义者李大钊到觉悟社讲话。李大钊对觉悟社不分男女的组合和出版刊物的做法非常赞赏，并建议大家好好阅读《新青年》和《少年中国》上的进步文章，分类研究各种学术问题，鼓励大家好好研究世界各国革命的新思潮。由于接受了李大钊的启示，觉悟社的社员开始进入一个埋头钻研理论和集体研究问题的阶段。

1920年1月，觉悟社发动青年学生开展反对中日直接交涉和抵制日货的斗争，周恩来、郭隆真等被捕。出狱后，受十月革命影响和在李大钊等人的指导、支持下，周恩来、郭隆真等一部分觉悟社成员，于8月间赴法国勤工俭学。在法国，周恩来于1921年春加入了中共旅法小组，成为中国最早的共产主义者之一。而觉悟社的其他大多数成员也先后加入了中国共产党和社会主义青年团，成为革命的骨干力量。至此，觉悟社的集体活动宣告结束。从1919年9月至1920年11月，觉悟社的集体活动虽然仅仅存在了1年多，但它在中国近代史上却写下了光辉的一页。

觉悟社发行的刊物——《觉悟》

III 第三章
南湖启航

李大钊

伴随着马克思主义在中国不断传播，中国工人阶级作为一支独立的政治力量开始登上历史舞台。在陈独秀、李大钊等人的共同努力下，中国共产党适时成立。新的革命火种在沉沉黑夜的中国大地上点燃起来了，中国革命的航船就此拔锚启航，中国历史上开天辟地的大事变开始酝酿！

1. "北李南陈，两大星辰"

陈独秀

中国共产党的成立有着深刻的历史背景。随着帝国主义的入侵和现代工业的发展，中国产生了无产阶级，而且在不断发展壮大，到1919年产业工人已经发展到200万人左右。无产阶级的产生和发展，为中国共产党的建立奠定了阶级基础。马克思列宁主义在中国的广泛传播，为中国共产党的建立奠定了思想基础。五四运动则促进了马克思主义同中国工人运动的结合，又为中国共产党的建立做了思想上和干部上的准备。

除了这些历史背景，中国共产党的成立，还需要有呼风唤雨、应者云集的领军人物。而陈独秀与李大钊二人都是思想界的明星人物，都致力于先进思想的启蒙与宣传。五四运动之后，二人的声望达到新的高峰，通过他们大力传播马克思主义，一大批先进知识分子相继走上中国革命的道路。当时有诗盛赞他俩："北大红楼两巨人，纷传北李与南陈；孤松（李大钊笔名）独秀如椽笔，日月双悬照古今。""北李南陈，两大星辰；漫漫黑夜，吾辈仰承。"

1919 年因散发传单被捕而刚刚获释的陈独秀并没有停止战斗。为避免敌人的迫害，陈独秀计划离开北京到上海发展。

1920 年 2 月的一天，北风呼啸，大雪纷飞，一辆带篷的骡车飞快地行进在北京的大路上。骡车上坐着两个人：一人头戴毡帽，好像是去乡下讨账的财主，此人正是打算秘密离京的陈独秀；另一人夹着账簿，像个账房先生，则是亲自护送陈独秀的李大钊。骡车跑出北京朝阳门后，特意绕道李大钊的家乡河北省乐亭县大黑坨村躲了几天，然后才转到天津。

亢慕义斋

1920 年 3 月 31 日，由李大钊组织发起的北京大学马克思学说研究会正式成立。该会设 3 个特别研究组和 11 个固定研究组，成员有邓中夏、高君宇、何孟雄、朱务善、罗章龙、张国焘等 60 余人。北京大学校方把位于马神庙西口北大二院内西头的两间房子拨作会址，主要是搜集、存放、借阅一些马克思、恩格斯和列宁的著作，所以这个地方被称作"亢慕义斋"（"亢慕义"是德文"COMMUNISM"，即共产主义的音译，"亢慕义斋"意为"共产主义小室"）。学会的书籍大部分是第三国际提供的，少部分是北大图书馆购进后转交的，上面都使用"亢慕义斋图书"印记。这里既是图书室、翻译室，又是马克思学说研究会的办公室，后来的北京共产党早期组织、青年团和其他革命团体也经常在这里集会活动。

李大钊一口道地的河北口音，乡情又熟，所以沿途住店一切交涉，都由他出面办理，以免让陈独秀张口露出南方人的口音，引发怀疑。两人顺利抵达天津后，购买了一张外国船票，陈独秀才得以安全地坐船前往上海。在这一路的颠簸中，陈独秀和李大钊没有片刻休息，他们在紧张地探讨关于建立中国共产党的意

共产国际

20世纪初期，为促进世界革命迅速发展，在国际范围内把无产阶级团结起来，使刚刚建立的各国共产党能沿着马克思主义路线前进，列宁亲自领导各国无产阶级建立起一个新的革命的国际组织——共产国际。列宁创立的共产国际又被称为第三国际，这是为了与马克思、恩格斯曾于1864年创立的第一国际和恩格斯于1889年创立的第二国际相区别。第三国际的主要任务是宣传和捍卫马克思主义，团结各国工人阶级和广大群众，为推翻帝国主义和资本主义的统治、建立无产阶级专政、消灭剥削制度而斗争。在中国共产党创立过程中，共产国际发挥了重要的指导作用。

见，畅谈了如何使中国摆脱贫穷落后的面貌，走向共产主义的光明前途。分手之际，他们相约在北京和上海分别进行活动，筹建中国共产党，双方明确分工：南方由陈独秀负责，北方由李大钊负责。这就是人们耳熟能详的骡车中"南陈北李，相约建党"的历史佳话。

李大钊护送陈独秀离京后，两个人一方面各自忙于建党的准备工作，一方面仍然保持着紧密联系，不断通过张申府、张国焘往返沪京两地传递信件，交换意见。围绕用"社会党"还是用"共产党"命名的问题，陈独秀自己不能决定，就写信给张申府，请他与李大钊研究商量，李大钊主张叫"共产党"，陈独秀表示完全赞同。

1920年4月间，俄共（布）西伯利亚局派维经斯基等一行来华，了解中国情况，考察能否在上海建立共产国际东亚书记处。他们先在北京会见了李大钊。李大钊特意写信，介绍他去上海找陈独秀商谈。维经斯基的来访，让陈独秀非常兴奋。得到共产国际的支持和鼓励后，他加快了建立各地共产主义小组的步伐。1920年9月，张国焘回到北京后，把陈独秀希望赶紧建立共产党组织的意思，转告了李大钊。此前，李大钊还在考虑建立中国共产党的时机是否成熟，此时听到陈独秀的意见，他立即毫

维经斯基

维经斯基又名查尔金，来中国后取汉名叫吴廷康，后来又取了两个笔名——魏琴、卫金。他生于俄国，去过美国谋生，能讲流利的英语。十月革命胜利后他返回祖国，加入俄共后不慎被白军逮捕，被判无期徒刑。在被送往库页岛做苦役不久，他凭借自己的组织才能，联合岛上的政治犯，成功发动暴动，重获自由。有国外生活经验，经历过生死考验，对革命赤胆忠心，是俄共派他前往中国联络革命同志的原因所在。

无保留地表示赞成，他认为："陈独秀先生对南方的情况比我们知道得更清楚，判断也较为正确，现在他既已实际开展活动，那么我们就应该一致进行……"

在李大钊、陈独秀等共产主义先驱的不懈努力下，马克思主义这个源于遥远国度的学说，终于跳出书本，在中国大地落地生根。

阴错阳差

陈独秀最初原本想去广州，他认为"广东人民性质活泼勇健，其受腐败空气熏陶，或不如北京之盛。以吾人现在之悬想，改造广州社会，或轻易于北京，故吾人此行，殊报无穷希望也"。当时，还有章士钊等人邀请他去广州一起筹建西南大学。但途经上海的陈独秀在买换乘船票时，章士钊从广州发来电报，说广州政潮突起，不宜办学，校址还是设在上海为宜，他不日就赴沪与陈独秀面商。原本只是路过上海的陈独秀，也就因此留在了上海。

2. 第一个共产党早期组织诞生

1920 年，陈独秀从北京来到中国近代工业发源地上海。此时，他的思想已经发生了根本性变化，他的关注点从青年学生转向了工农大众，从进步思想文化的研究和传播，转向了进行政治活动和建立共产党。

深入到工人阶级中去，了解他们的疾苦，并把他们组织起来，是筹备建立无产阶级政党的第一步。陈独秀很快把《新青年》杂志社迁到了上海，并改弦更张，大谈政治，积极宣传社会主义，同时开始在工人群众中宣传马克思主义。他亲自到码头工人中了解情况，到中华工业协会、中华工会总会等劳动团体去调查，在工人大会上激情演说，传播进步思想。他在上海码头工人大会上发表的题为"劳动者底觉悟"的演说中说道："社会上各项人，只有做工的是台柱子，因为有他们的力量才把社会撑住。"他希望工人群众迅速觉悟起来，认识到自己的伟大力量和历史使命，要把几千年来"劳心者治人，劳力者治于人"的话倒转过来。

陈独秀不但自己到工人中去，还约请北大和各地的进步青

挂满"万国旗"的上海公共租界

年，一起深入到工人中开展调查，并在此基础上编辑出版了《新青年》第7卷第6号专刊《劳动节纪念号》，发表了28篇文章，反映了上海、北京、天津、长沙、芜湖、无锡、南京、唐山等各地工人的情况。《劳动节纪念号》的编辑发行，正是中国先进分子与工人运动相结合的产物。同年4月中旬，陈独秀联合中华工业协会、中华工会总会、电器工界联合会、船务栈房工界联合会、药业友谊联合会等7个工界团体，筹备召开世界劳动节纪念大会，并在筹备会上发表了《劳工要旨》的演讲，之后被推选为筹备会顾问。在陈独秀的指导下，上海各业5 000多工人于5月1日举行了集会，提出了"劳工万岁"等口号，通过了《上海工人宣言》。此后，陈独秀又主持创办了《劳动界》《伙友》等刊物，不断向工人宣传马克思主义，以启发工人的觉悟，组织起真正的工会。在陈独秀的倡导下，俞秀松等一批进步青年深入到工厂中做工、调查并研究如何开展工人运动。

鸦片战争后，上海是五个被迫向西方开放的通商城市之一

陈独秀在发动和组织工人过程中，积极开展马克思主义传播与建党工作，并从上海马克思主义研究会成员中发现了建党的骨干。

1920年春，共产国际派维经斯基来华，经李大钊介绍，维经斯基来华南下到上海会见了陈独秀。经过深入了解，维经斯基等人认为中国已经具备建立共产党的条件，在他们的帮助下，陈独秀以上海马克思主义研究会为基础，加快了建党工作的步伐。

1920年6月，陈独秀同李汉俊、俞秀松、施存统、陈公培等人开会商议，决定成立共产党组织，并初步定名为社会共产党，还起草了党的纲领。党纲草案共有10条，其中包括运用劳工专政、生产合作等手段达到社会革命的目的。此后不久，陈独

五一劳动节

1920年5月1日，《新青年》杂志专门出版了《劳动节纪念号》，并号召中国工人把这一年的"五一"作为觉醒的日期。陈独秀在上海船务栈房工界联合会做了题为"劳苦者底觉悟"的演说，并领导上海5000余名工人提出了8小时工作、8小时休息、8小时教育的"三八制"要求。李大钊则领导了北京大学的"五一"纪念活动，北京大学学生在这一天宣布罢课，《北京大学学生周刊》出版了《劳动纪念号》。加之这一年的"五一"纪念活动在各地共产主义知识分子的倡导和组织下都开展得有声有色，中央人民政府政务院遂于1949年12月做出决定，将每年的5月1日定为法定劳动节。

秀接受李大钊建议，将党组织定名为"共产党"。

经过酝酿和准备，在陈独秀的主持下，上海的共产党早期组织于1920年8月在上海法租界老渔阳里2号《新青年》编辑部正式成立，这是中国的第一个共产党组织，其成员主要是马克思主义研究会的骨干，陈独秀为书记。

1920年12月，陈独秀应陈炯明之邀，赴广州任职后，李汉俊和李达先后代理过书记的职务。上海的共产党早期组织通过写信联系、派人指导或具体组织等方式，积极推动各地共产党早期组织的建立，实际上起到了中国共产党发起组的作用。

3. 成立北京支部

当陈独秀在上海进行建党筹备工作的同时，李大钊也在北京积极创造条件，准备建立共产党的早期组织。

在北京五四大街上有一座西洋风格的红色砖瓦建筑，这就是被称为红楼的北大文科、图书馆及校部所在地，红楼一层东南角的两间屋子是当时北大图书馆主任李大钊的办公室。由于李大钊不但学识渊博、思想先进，而且平易近人，他和蔼的态度、先进的思想、热心助人的性格，吸引了众多进步学生频繁出入他的办公室，与他畅谈社会问题，所以李大钊的办公室也成了北大进步师生聚会的场所，不大的房间里总是充满浓郁的学术自由空气，大家彼此戏称"饱食终日无所用心"，并因此将李大钊的办公室命名为"饱无堂"。

随着五四运动后马克思主义在中国广泛传播，这间办公室的马克思主义气息也日益浓厚起来。1920年3月，李大钊在这里秘密成立了北京大学马克思学说研究会，其成员大多是五四运动

老渔阳里2号
老渔阳里2号本是时任"长江上游招讨使"、"鄂西靖国军总司令"的柏文蔚在上海的闲置公馆，辛亥革命期间，柏文蔚曾任安徽都督，陈独秀为都督府秘书长。因柏文蔚经常不在安庆，都督府实际上常由陈独秀主持。安徽人当时称："武有柏，文有陈，治皖得人。"

中的骨干和积极分子。这个研究会通过收集学习马克思主义的著作、举办座谈讨论、组织出版工作等方式，把活动开展得有声有色，其成员也发展很快。它是中国最早学习和研究马克思主义的团体，并迅速成为北方宣传马克思主义的中心，为建党做了重要准备。

　　1920年春，共产国际派维经斯基来华，通过北大的俄籍教员介绍，维经斯基认识了李大钊。二人在李大钊的办公室长谈后，李大钊还找来北大学生中的先进分子罗章龙、张国焘、李梅羹、刘仁静等同维经斯基见面，通过会面，同学们对苏维埃制度从政治、经济、军事到文化，都有了比较清楚的认识，对十月革命、苏维埃制度和世界革命有了更大的信心。之后，李大钊又介绍维经斯基去上海会见陈独秀。经过与共产国际代表交流，李大钊和陈独秀一致认为需要加快建党的进程，并同时在中国北方和南方从事建党的筹备工作。

李梅羹

　　李梅羹病逝时年仅33岁，关于他的资料很少，仅有一些故事靠李家族人口耳相传下来。据说他很小的时候就耐得住寂寞，放学后便一头扎进房里看书，看累了也不出去玩，而是在屋里练绣花。李梅羹最突出的成就是较早地翻译德文版《共产党宣言》与《资本论》，并油印发行。

1918年前后的北大红楼

1920 年 10 月成立的北京共产党早期组织主要活动地点——北大红楼 119 室，李大钊的办公室

北大红楼第一院正门

为了解工人群众的生活，唤起工人阶级的觉醒，积聚工人阶级的力量，李大钊号召和组织先进知识分子到人力车工人居住区进行调查。工人的悲惨生活状况使他们大为震惊。1920 年 5 月 1 日，李大钊在北京大学召开的有 500 多工友和学生参加的纪念国际劳动节大会上，发表了热情洋溢的演说，宣传 8 小时工作制，并主张把"纪念五一节当作我们引路的一盏明灯"。

同时，李大钊等人还积极联络北京、天津等地的先进分子，努力促成进步团体的联合。1920 年 8 月 16 日，少年中国学会、人道社、曙光社、青年互助团及天津觉悟社的代表 20 余人，在北京陶然亭举行茶话会，决定将 5 个原本分散的团体组合成"改造联盟"，以促进各进步团体的协调和统一。

经过一系列准备工作，1920 年 10 月，"共产党小组"在北大红楼李大钊的办公室正式成立。最初成员有李大钊、张申府、张国焘 3 人。不久，张申府经上海去法国，党组织又吸收了一批新的成员。内部分工是：李大钊负总责，并主持马克思学说研究会；张国焘担任职工运动的发动工作；黄凌霜、陈德荣编辑并发行《劳动音》周刊；罗章龙、刘仁静等负责建立社会主义青年团组织。1920 年底，北京党组织召开会议，决定成立"共产党北京支部"，由李大钊任书记，张国焘负责组织工作，罗章龙负责宣传工作。随后，又陆续发展了一些北京大学的进步师生为成员。

上海、北京的共产党早期组织成立后，武汉、长沙、广州、济南等地的先进分子以及旅日、旅法华人中的先进分子，也相继建立了共产党早期组织。这些早期组织的成员都是初步确立了共产主义信念的知识分子，他们努力学习马克思主义，深入工人群众，参加实际斗争，在思想感情上发生深刻变化，逐步转变成为无产阶级的先锋战士。与此同时，工人群众也开始逐步接受马克思主义，提高了阶级觉悟，涌现出一批有共产主义思想的先进分子。这样一来，正式成立中国共产党的条件就基本具备了。

4. 翻译《共产党宣言》

《共产党宣言》是马克思和恩格斯为世界上第一个工人阶级政党——共产主义者同盟撰写的纲领，1848 年 2 月在英国伦敦用德文首次发表。它是全世界共产党人的第一个纲领性文件，它的发表标志着马克思主义的诞生。

上海共产党早期组织出版、由陈望道翻译的《共产党宣言》第一个中文全译本

这部著作篇幅不大，只有 3 万多字，但在世界上的影响却非常巨大。由于它的问世以及由马克思、恩格斯所开创的世界社会主义运动的兴起，世界上产生了数以千计的共产党组织和社会主义组织，产生了一批社会主义国家，从根本上改变了资本主义一统天下的世界格局。《共产党宣言》的传播非常广泛，先后被翻译成了 200 多种文字，成为全世界共产党人和一切进步人士必读的著作。该书最早的中文全译本，出自我国著名语言学家陈望道先生。

20 世纪初，俄国十月革命的一声炮响，为处于半殖民地半封建社会深渊的中国送来了马克思列

第一句话

《共产党宣言》可谓共产主义第一书，极其重要，也极其难译。《宣言》第一句话，就让陈望道绞尽脑汁，思之良久，才终于译为："一个幽灵，共产主义的幽灵，在欧洲徘徊。"由于"幽灵"一词在中文里属于贬义词，曾引发相应疑虑。但最终，人们还是采用了陈望道的译文，足见其翻译功力之深。

宁主义。1919 年五四运动前后，马克思主义以其先进性、科学性和革命性吸引着中国的先进分子，而了解马克思主义的最好读物就是《共产党宣言》。梁启超、李大钊、张闻天、成舍我等都曾在他们的文章中摘录、引用过《共产党宣言》的片段；李汉俊、朱执信、胡汉民、戴季陶也在报刊上介绍过它的有关章节。为了能更系统地介绍和宣传马克思主义，陈独秀主张将此书的全文尽快用中文翻译出来，"这已是社会之急需，时代之召唤"。

此时，担任上海《星期评论》主编的戴季陶也在计划找人翻译《共产党宣言》，在《星期评论》上连载。《民国日报》主笔邵力子得知此事后，便向戴季陶举荐了具有马克思主义学识，精通日文和英文的陈望道。

1919 年底，陈望道回到故乡义乌分水塘村着手翻译《共产党宣言》。时年 29 岁的陈望道根据陈独秀通过李大钊从北京大学图书馆借出的《共产党宣言》英译本和戴季陶提供的《共产党宣言》日译本（原著为德文本），字斟句酌、夜以继日地翻译，力求每一句话、每一个词，都要译得准确、妥帖。

1920 年 4 月下旬，经过 5 个月奋战，这部后来使得中国社会天翻地覆的译作终于完成，陈望道带着稿件来到上海，请李汉俊校阅，再转请陈独秀审定，准备

"七一"的来历

中国共产党于 1921 年 7 月成立后，很长一段时间内都没条件组织统一的活动进行纪念，同时由于当时在战争年代，档案资料难以寻找，因此具体开幕日期竟致无法查证。1938 年 5 月，随着中国共产党日益壮大，尽快查清党的诞辰的具体日期以便纪念，就被提到日程上来了。这时在延安有两位党的一大代表——毛泽东和董必武，大家都希望他们能就这件事给个说法。毛泽东和董必武回忆了当时的情况，能确认是在 7 月，但无法确认是哪一天，两人反复商量后，决定就用 7 月的头一天作为纪念日。1938 年 5 月 26 日，毛泽东在延安召开的抗日战争研究会上发表了著名的《论持久战》演讲，明确提出："今年七月一日，是中国共产党建立的十七周年纪念日。"1941 年 6 月，中共中央发出的《关于中国共产党诞生二十周年抗战四周年纪念指示》中则指出："今年'七一'是中共产生的二十周年，'七七'是中国抗日战争的四周年，各抗日根据地应分别召集会议，采取各种办法，举行纪念，并在各种刊物出特刊或特辑。""七一"作为党的生日就这样被固定下来了。

第二天在《星期评论》上连载。不料该刊却因"言论问题"遭到查封。

当时，陈独秀的《新青年》编辑部也刚迁到上海，应陈独秀之邀，陈望道参加了《新青年》的编辑工作。当时陈独秀、沈雁冰、李达、李汉俊、陈望道、邵力子经常在一起讨论马克思主义和建党问题，于是便组织了马克思主义研究会。为了全面、系统地传播马克思主义理论，研究会希望出版陈望道翻译的《共产党宣言》，但苦于无经费。恰在这时，共产国际代表维经斯基和杨明斋经李大钊介绍来上海与陈独秀联系并商谈中国建党问题。通过与陈独秀商议，维经斯基资助研究会在上海拉斐德路（今复兴中路）成裕里 12 号建立了名为"又新印刷所"的小印刷厂。1920 年 8 月，作为《社会主义研究小丛书》第一种，以上海社会主义研究社的名义出版了陈望道翻译的《共产党宣言》中文全译本，首印 1 000 册。

该书刚一问世，便引起强烈反响，几天内销售一空。一些想买到该书的人还多方打听社会主义研究社的社址，因问的人多，不能一一答复。1920 年 9 月 30 日，《民国日报·觉悟》撰文专门介绍："这本书底内容，《新青年》《国民》《晨报》都零零碎碎译出过几条或几节的。凡研究《资本论》这一学说系统的人，不能不看《共产党宣言》，所以望道先生费了平常译书的五倍工夫，把彼全文译了出来，经陈独秀、李汉俊两先生校对。"

这本书对马克思主义的传播影响巨大。毛泽东在 1936 年时

大好事

陈望道曾经寄了两本《共产党宣言》中译本给周作人，并托他送一本给鲁迅。鲁迅当天就读毕，并做如下赞语："现在大家都讨论什么'过激主义'来了，但就没有人切切实实地把这个'主义'真正介绍到国内来。其实这倒是当前最要紧的工作。望道在杭州大闹一阵之后，这次埋头苦干，把这本书译出来，对中国做了一件大好事。"

李达赴日

李达上中学时，有一件事给了他莫大的影响：同学们为了抵制日货，把日本生产的文具堆在操场上，用火烧毁。点火时，发现火柴也是日本货！点火的同学在点火之后，不得不把这盒日本火柴留下来，因为要连它也烧毁的话，下次再烧日货就没有火柴了！这让李达意识到中国实在太落后了，抱着实业救国的愿望，他于1913年考取湖南留日官费生，赴日本学习理工。

就曾对斯诺说过："有三本书特别深刻地铭记在我的心中，建立起我对马克思主义的信仰……这三本书是《共产党宣言》，陈望道译，这是用中文出的第一本马克思主义的书……"

《共产党宣言》中文全译本以及其后出版的恩格斯《科学的社会主义》、列宁《国家与革命》等著作的中文译本，有力地促进马克思主义在中国的进一步传播，为中国共产党的建立奠定了理论基础。

5. 代表齐聚上海

中国共产党的早期组织相继成立后，以上海为中心的建党活动不断发展，各项实际工作也逐步展开，进一步促进了马克思主义同中国工人运动的结合。革命的知识分子努力学习马克思主义，深入工人群众，参加实际斗争，思想上发生了深刻的变化，逐步锻炼成为无产阶级的先锋战士。与此同时，工人群众也开始逐步接受马克思主义，提高阶级觉悟，从而涌现出了一批有共产主义思想的先进分子。中国共产党正式成立的条件已日臻成熟，召开全国代表大会，正式成立全国性的、集中统一的中国共产党，已经提到议事日程上来。

以列宁为首的共产国际，对中国革命和中国共产党的创建极为关切。受此影响，1921年6月初，共产国际代表马林和共产国际远东书记处代表尼科尔斯基先后到达上海，与上海共产党早期组织成员李达、李汉俊建立了工作联系。根据此前各地共产党早期组织的酝酿和共产国际代表的建议，李达、李汉俊与在广

州的陈独秀、北京的李大钊联系商议，确定在上海召开全国代表
大会，正式成立中国共产党。于是，李达、李汉俊以上海发起组
的名义，函约各地党的早期组织，通知他们各选派两名代表来上
海，出席党的全国代表大会。

党的各地组织或党员接到上海的通知后，积极响应，纷纷派
出各自的代表，齐聚当时的全国工业中心——上海。当时，党的
活动处于秘密状态，各地组织都没有统一的规章和严格的组织手
续，而且各地的政治环境和活动条件各有不同，所以，各地代表
的产生方式并不一致，到达上海的时间也先后不同。

北京的共产党早期组织接到上海的通知后，马上在西城暑期
补习学校开会，讨论出席代表人选问题。当时，李大钊因任北京
大学图书馆主任兼北大教授、北京国立大专院校教职员代表联席
会议主席等职，公务繁忙，不能亲自出席，于是推选张国焘和刘
仁静为代表，并决定派张国焘于 1921 年 5 月提前到上海，与李
达、李汉俊、张太雷及共产国际代表马林等人密切接触，了解情
况、交换意见，同时参与党的一大党纲和政纲的起草工作。长沙
的共产党早期组织代表选派的是毛泽东和何叔衡，由于当时湖南
军阀的残暴统治，政治环境更为恶劣，人身安全没有保证，所以
毛泽东和何叔衡接到通知后，没有告诉其他人，而是在极端秘密

南雁北飞，去不思归，
志在苍生，不顾安危；
生不足惜，死不足悲，
头颅热血，不朽永垂。

——邓恩铭《述志》

马林《绝命书》（节选）
马林于 1942 年死于德国法西斯的屠刀之下。在狱中，他给女儿、女婿
写遗书道："永别了，我的女儿，我的宝宝——永别了，我亲爱的人！孩子们，
我无疑真诚地愿为我的理想献身，谁知骤然间死神将至，不可逆转。但我心
中坦然——多年来我始终是一个忠诚的战士。告发我的人和法官们无不承认
我死得光明磊落。这使我非常感动，因为人们都已十分了解我至死不渝，矢
信矢忠，殚精竭虑，高举我信仰的旗帜，奋斗到最后一息……"

中国共产党第一次全国代表大会
代表（从左至右依顺序标注）

李达、李汉俊、张国焘、刘仁静

的情况下，于6月29日晚从长沙坐船北上，先到武汉，再转赴上海。武汉和济南的共产党早期组织也分别派出董必武、陈潭秋和王尽美、邓恩铭赶赴上海。广州的共产党早期组织接到上海的通知后，在党员谭植棠家中开会推选陈公博为代表参会。正在广州任广东政府教育委员会委员长的陈独秀因正在筹款办学，不能与会，特指定包惠僧为代表参会。除国内的共产党早期组织选派的代表外，在日本的中国留学生也派代表周佛海趁放暑假期间，回国参加会议。

　　7月间，各地的代表纷纷来到上海。上海的共产党早期组织代表李达和李汉俊承担了会议的联络、筹备和会务工作。李汉俊从日本留学归来后就一直住在上海望志路106号的其兄李书城家，所以他就把这里当作了党的一大会场使用。而李达的夫人王会悟承担了为各地代表安排住处的任务。王会悟在参加上海妇女界联谊会的活动中，结识了法租界博文女子学校校长，该校是一

王尽美、邓恩铭、陈公博、周佛海

毛泽东、何叔衡、董必武、陈潭秋

所私立女子学校，位于法租界内，环境清静且离开会地点不远。当时正值暑期，老师和学生都已离校，学校空闲了下来，于是王会悟就以北京大学师生暑期旅行团的名义，向该校租借了房间。出席党的一大的代表，除陈公博带着新婚妻子住在大东旅社外，其余9名外地代表均被安排在博文女校寄宿。

至7月23日，来自上海、北京、武汉、广州、长沙、济南、日本的代表共计13人汇聚在上海，代表了全国53名党员，他们中年龄最长的45岁，最小的19岁，平均28岁。参会代表此时都还是社会上不知名的"小人物"，但这些年轻人以改天换地的豪迈气概，一心要在中国这块古老的国土上创立一个崭新的、合理的社会。这个队伍在前进的过程中，也经历了分化和重新组合，有的一直参与革命并领导革命走向胜利，成为党的领导人，如毛泽东、董必武；有的在革命斗争中英勇牺牲，如陈潭秋、何叔衡、邓恩铭；有的中途脱党，如李达、李汉俊；有的成为党的叛徒，如张国焘、陈公博、周佛海。也正是在这样的大浪淘沙的过程中，

包惠僧、马林、尼科尔斯基

中国共产党变得越来越坚强有力，一步一步走向胜利。

6. 召开中共"一大"

上海法租界望志路 106 号（今兴业路 76 号）是李书城和李汉俊的寓所，位于一条僻静的街道，是一栋砖木结构的两层楼房，典型的上海里弄石库门建筑。1921 年 7 月 23 日，在这间小楼里，中国共产党第一次全国代表大会秘密召开。

这天晚上，出席会议的上海共产党早期组织代表李达、李汉俊，北京共产党早期组织代表张国焘、刘仁静，长沙共产党早期组织代表毛泽东、何叔衡，武汉共产党早期组织代表董必武、陈

上海法租界望志路 106 号，中国共产党第一次全国代表大会会址

潭秋，济南共产党早期组织代表王尽美、邓恩铭，广州共产党早期组织代表陈公博，旅日共产党早期组织代表周佛海，陈独秀特指的代表包惠僧等 13 人以及共产国际的代表马林和尼克尔斯基先后到达会场，围坐在一张长方形餐桌的四周。室内没有特别的布置，陈设简单，气氛庄重。

中国共产党第一次全国代表大会会场

经过简单商议，代表们推举张国焘主持会议，毛泽东、周佛海任记录，李汉俊、刘仁静即席进行翻译，会议正式开始。

张国焘向大会报告了会议的筹备情况，说明了此次会议的重要意义，并提出大会应当具体讨论和解决的各种问题，首先是制定党的纲领和实际工作计划。马林和尼克尔斯基代表共产国际在会议上热情致辞，马林指出：中国共产党的成立，具有重大的世界意义。共产国际增添了一个东方支部，苏俄布尔什维克增添了一个东方战友。马林分析了国际形势，介绍了共产国际的工作状况，指出中国共产党目前基本上是由知识分子组成的，建议要特别注意开展工人运动，建立工会组织，把工人中的积极分子吸收到党内来，他希望中国同志努力工作，接受共产国际的指导，为全世界无产者联合起来做出自己的贡献。尼克尔斯基也对中国共产党的成立表示祝贺，并介绍了赤色职工国际和共产国际远东局的情况。

7 月 24 日举行了第二次会议，各地代表向大会报告了本地区党团组织成立的经过，以及开展的宣传马克思主义和组织工人谢觉哉纪念何叔衡捐躯十周年诗：

> 叔衡才调质且华，
> 独辟蹊径无纤瑕。
> 临危一剑不反顾，
> 衣冠何日葬梅花。

五一节，真壮烈，
世界工人大团结！
发起芝加哥，
响应遍各国。
西欧东亚与美洲，
年年溅满劳工血！
不达成功誓不休，
望大家，齐努力，
切莫辜负五一节！

——陈潭秋《五一纪念歌》

运动等主要活动情况，包括工作中的主要方法和经验。由于各地组织成立的时间都不长，工作只是初步展开，所以代表们的报告大多比较简短。

7月25日、26日，会议休会两天，由董必武、李达、张国焘等组成起草委员会，起草会议各项文件。经过两天的紧张工作，起草完成了中国共产党的纲领和第一个决议。由于当时党处于秘密状况，后来又经过长期的革命斗争，这两份文件的中文原件未能保存下来，现在能看到的只有文件的俄文和英文译本。俄译本是当时报送给共产国际，存于共产国际档案中，20世纪50年代由苏共中央移交中国。英译本是会议代表陈公博1924年在美国哥伦比亚大学写硕士论文《中国的共产主义运动》时，作为附录文献附在了他的论文后。这两种不同文字的译稿，经过两次翻译，文字表达上已不可能保持原貌，但两版条文和内容保持一致，相互可以印证。

7月27至29日，大会又举行了3次会议，集中讨论了起草小组提出的会议文件草案，代表们各抒己见，在党的性质、纲领和组织原则等主要问题上取得了基本一致的意见，但也在个别问题上引起了争论，如党员能否在得到执行委员会许可后做官和做国会议员。对这个问题代表们辩论得很激烈，一方坚持以德国社会民主党为例，证明一旦党员加入国会就可能逐渐放弃自己的原则，成为资产阶级的一部分，变成叛徒；而另一方则认为要把公开的和秘密的工作结合起来，利用国会开展政治活动。由于双方谁都不能说服谁，只能将这个问题留到下次代表大会上去解决。

这3天的会议虽然讨论激烈，但成果也非常明显，代表们对会议文件基本上都予以认可，由于共产国际的代表们没有出席这几次讨论会，所以7月30日，大会准备召开第六次会议，邀请

浙江嘉兴南湖游船

马林和尼克尔斯基出席并对会议讨论的各项问题发表意见，然后通过纲领和决议。谁知，一直召开得很顺利的大会却受到了法租界巡捕的骚扰，会议未能正常进行。

7月30日晚，正值中国共产党第一次全国代表大会第六次会议在李汉俊的寓所里紧张召开之际，一个陌生人突然闯进会场。他四处张望了一下后，就辩称找错门而匆匆离去。这引起了富有秘密工作经验的共产国际代表马林的警觉，他建议会议中断，在场的人迅速撤离。果然，十几分钟后，法国巡捕便包围了这里并进行搜查。虽然最终没有发现什么问题，但撤走后他们又在附近布下了暗哨。

会议最重要的通过纲领和决议的议程还没有完成，但继续在这里开会已经不安全了，李达夫人王会悟建议将会议转移到她的家乡嘉兴南湖上召开，那里环境幽静，游人不多，而且距离上海较近。于是第二天一早，与会代表们就来到上海北站，分两批坐车南行，转移至嘉兴，而马林和尼克尔斯基因为是外国人，过

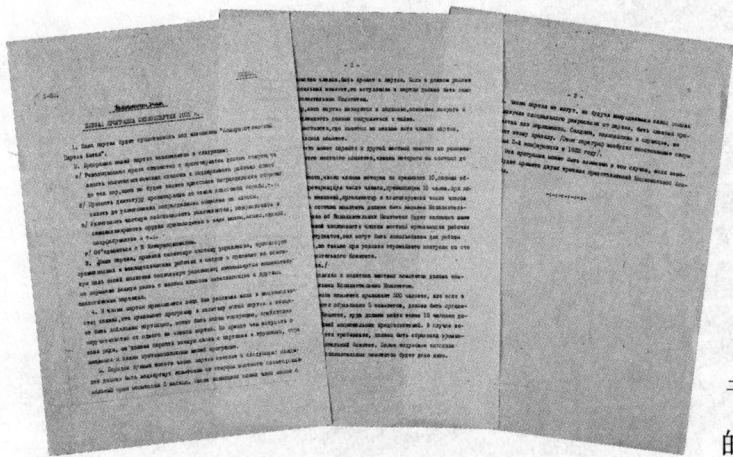

1921 年 7 月，中国共产党第一次全国代表大会通过的党纲（俄文稿）

于引人注目，没有同行。中午时分，代表们来到嘉兴南湖湖畔，登上一艘事先租好的游船。这是一艘比较华丽的画舫，雕梁画柱，陈设考究，在宽平的船头上搭有凉棚，遮阳挡雨，便于观赏风景，后面是供游客休息的船舱。为了安全，代表们带着乐器和麻将牌，在船舱中摆上酒席，佯装成游人的模样，继续开会。王会悟则摇着折扇悠闲地坐在船头，望风放哨，见有可疑游船靠近，她就哼起嘉兴小调，用折扇敲击船板，代表们闻声会意，连忙装作打麻将的情形。就是在这艘游船上，就是在这种紧张气氛下，中国共产党第一次全国代表大会得以胜利闭幕。

最后一天的会议首先讨论通过了中国共产党的纲领、决议以及《中国共产党成立宣言》，确定党的名称为"中国共产党"，规定党的纲领是：革命军队必须与无产阶级一起推翻资本家阶级的政权；承认无产阶级专政，直到阶级斗争结束，即直到消灭社会的阶级区分；消灭资本家私有制，没收机器、土地、厂房和半成品等生产资料，归社会公有；联合共产国际。纲领明确提出要把工人、农民和士兵组织起来，并把实现社会主义、共产主义作为自己的奋斗目标。

会议还选举产生了党的中央领导机构，由陈独秀、张国焘、李达组成中央局，陈独秀担任书记。这标志着中国共产党就此正式成立。

中国共产党的成立大会，是在反动统治的白色恐怖下秘密举行的。除了大会会场一度遭到帝国主义暗探和巡捕的骚扰外，在社会上并没有引起多大注意。但是，就在这里，就在这时，一个新的革命火种已经在沉沉黑夜的中国大地上被点燃起来了，中国革命的航船已经拔锚启航，中国历史上开天辟地的大事变已经开始酝酿！

中国共产党的成立，标志着中国有了一个把马克思主义作为行动指南，把实现社会主义和共产主义作为奋斗目标，把无产阶级严格的组织性和纪律性作为行动规范的无产阶级的革命政党。中国共产党的成立，给灾难深重的中国人民带来了光明和希望，指明了中国人民前进的方向和斗争道路。虽然初始阶段，它的力量还很弱小，但它坚定地以领导中国民主革命和社会主义革命、争取民族的独立和人民的解放为己任，从而也就不难成为中国人民普遍信赖的组织者和领导者，成为中国革命的坚强的领导核心。中国革命的面目也必将随之焕然一新。

7. 最高纲领与最低纲领

中国共产党成立后，首先明确了开展工人运动和宣传马克思主义两大任务。之后的斗争实践，扩大了中国共产党的政治影响，也检验了中国共产党第一次全国代表大会决议，反过来又逐步加深了中国共产党对中国社会状况和中国革命基本问题的认识。

与此同时，国际国内形势也发生了很大变化。巴黎和会建立的凡尔赛体系没能消除列强之间的各种矛盾，特别是美、英两大列强对日本帝国主义之势力在中国和亚太地区的恶性膨胀，感到极度不安。

美国凭借经济实力和在亚太地区的相对优势，于 1921 年 11 月 12 日至 1922 年 2 月 6 日，组织英国、日本、法国、意大

"尽善尽美"
王尽美去世时年仅 27 岁，但他才华横溢，口才很好，能演戏，擅长绘画，会演奏多种乐器，诗也写得不错，当真称得上"尽美"。他曾在济南历下亭题诗：

无情最是东江水，
日夜滔滔去不停。
半是劳动血和泪，
几人从此看分明。

巴登巴登密约

1921年10月27日，3个野心勃勃的日本军官——永田铁山、小畑敏四郎和冈村宁次，在莱茵河畔的德国巴登巴登温泉聚会，并结成"巴登巴登密约"，又称"三头密约"。第二天，东条英机也赶来跟他们会合。以这项密约为起点，日本军队内部陆续形成了一批法西斯性质的军人团体，如二叶会、木曜会、王师会、一夕会和樱会、天剑党等。其中，能量巨大、作用最大的一夕会，成员包括就任于日本各省、部要职机构的40多名中高级军官，他们当中的东条英机、土肥原贤二、板垣征四郎等很多人，都成了日后在中国犯下累累罪行的甲级战犯。

帝国主义的侵略，曾迫使东北人民选择背井离乡，给他们带来深重苦难

利、荷兰、比利时、葡萄牙和中国等国召开华盛顿会议，并签署《九国关于中国事件应适用各原则及政策的条约》（简称《九国公约》），把"门户开放""机会均等"作为帝国主义列强共同侵略中国的基本原则。会后，各国都极力扩大在华势力范围，从经济、政治上加强对中国的掠夺和控制。而受其影响，国内军阀之间也先后爆发了直皖战争和第一次直奉战争，内争迭起，战乱绵延。

斗争实践和国内外形势的剧烈变动，使中国共产党人逐渐认识到，帝国主义的经济侵略，使外国资本控制了中国大部分近代工业，各地的罢工斗争和工人运动都不可避免地会与帝国主义发生冲突，而帝国主义总是与中国的专制统治者勾结在一起，破坏和镇压工人群众的斗争。所以中国人民当前迫切需要的，并不是立即进行社会主义革命——如果不首先反对帝国主义侵略，不反对封建军阀的统治，国家就不能独立，人民就不能解放，也就谈不到实现社会主义、共产主义的理想。这种从实践中产生的认识，使中国共产党人确立了正确的奋斗目标，并及时调整了斗争策略。

《中国共产党第二次全国代表大会宣言》

1922 年 7 月 16 日至 23 日，中国共产党第二次全国代表大会在上海召开。出席大会的有陈独秀、张国焘、李达、高君宇、王尽美、罗章龙、蔡和森、谭平山、杨明斋、许白昊、李震瀛、施存统共 12 人，代表全党 195 名党员。大会推举陈独秀、张国焘、蔡和森组成起草委员会，负责起草《中国共产党第二次全国代表大会宣言》和其他决议。

《中国共产党第二次全国代表大会宣言》分析了资本主义、帝国主义列强侵略中国和中国社会演变为半殖民地半封建社会的历史，指出："各种事实证明，加给中国人民（无论是资产阶级、工人或农人）最大的痛苦的是资本帝国主义和军阀官僚的封建势力，因此反对那两种势力的民主主义的革命运动是极有意义的：即因民主主义革命成功，便可得到独立和比较的自由。"为此，在目前的历史条件下，中国共产党的奋斗目标是：消除内乱，打倒军阀，建设国内和平；推翻国际帝国主义的压迫，达到中华

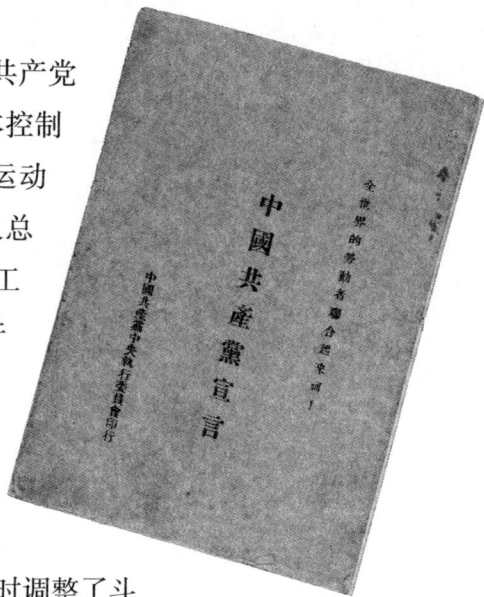

杨明斋

杨明斋是山东平度县人，19 岁随村里人一起去"闯俄罗斯"，此后在俄国生活了 19 年。在此期间，他学会了俄语，加入了俄共，曾为保卫苏维埃而战。1920 年春，他随维经斯基一起来华，在联络中国的共产主义战友并帮助建立中国共产党的过程中，起到了重要的"牵线人"的作用。

1922 年 7 月，中国共产党第二次全国代表大会在上海召开。图为"二大"会址

民族完全独立；统一为真正的民主共和国。这实际上制定出了党在现阶段反帝反封建的民主革命纲领，即党的最低纲领。同时又指出：党的目的是要"组织无产阶级，用阶级斗争的手段，建立劳农专政的政治，铲除私有财产制度，渐次达到一个共产主义的社会"。这表明党的二大宣言坚持了党的一大纲领所规定的党的最终奋斗目标，即党的最高纲领。

党的二大宣言第一次将党在民主革命中要实现的目标同将来进行社会主义革命要实现的长远目标结合起来，不仅明确提出了反对帝国主义、反对封建主义的民主革命任务，并指出要通过民主革命进一步创造条件，实现社会主义和共产主义。这是中国共产党人对中国国情和中国革命问题认识的一次深化，是党把马克思主义基本原理同中国革命实际相结合的一个重要成果。

艺术再现

▶ 油画《毛主席与安源矿工》，侯一民作

▼ 油画《南昌起义》，黎冰鸿作

▲油画《好得很》，詹建俊作

▼油画《挑粮路上》，邓澍、侯一民作

艺术再现

IV 第四章
革命新面貌

中华
海员工业
联合总会徽章

中国共产党成立后，积极投身于工人运动与农民运动。这是半殖民地半封建社会背景下的中国国民革命的根本所在。在中国共产党领导下，工人阶级与农民阶级的觉悟迅速提升，直接促进了革命蓬勃发展，也为将来的彻底革命埋下了火种，提供了实战经验。

1. 开设劳动补习学校

各地共产党早期组织成立后，除了有组织、有计划地研究和宣传马克思主义外，还不断开展工人运动，努力促进马克思主义与中国工人运动的结合。经过研究，北京的共产主义小组决定把长辛店的铁路工人作为革命活动的主要对象，深入到工人中去开展工作。

长辛店是京汉铁路北段的一个总站，距北京 21 千米。那里有一个 3 000 多名工人的铁路修车厂，五四运动前，在李大钊的领导下，北京大学的学生邓中夏等就经常组织平民教育讲演团到这里给当地工人做宣传。1920 年 11 月，北京的共产党早期组织

同文馆设立于洋务运动时期，1902 年并入京师大学堂（北京大学前身）。图为同文馆门额

"二十八画生"征友

1915 年夏秋之间，在湖南第一师范学校读书的毛泽东，化名"二十八画生"（"毛泽东"三字繁体字为 28 画），张贴《征友启事》，指明欲结交吃苦耐劳、意志坚定、随时准备为国捐躯的青年为友。第一个响应的人就是罗章龙。

派邓中夏、张太雷再次来到这里筹备劳动补习学校，并以此为工作据点，宣传马克思主义，培养工人运动的骨干，进而成立工会，发动工人运动。

1921 年 1 月 1 日，长辛店镇当铺口胡同的一个小小的三合院里，欢声笑语，热闹非凡——长辛店劳动补习学校开学了。这是中国最早创办的向工人传播马克思主义的学校。门口没有校牌，就用一张白纸写着"劳动补习学校"6 个大字。学校分日夜两班，日班为工人子弟而设，夜班则专门接受工人学员。在这里学习的青年工人有 100 多人，学校的教员都是北京的共产主义早期组织以北大学生会的名义派去的组织成员，包括张国焘、邓中夏、罗章龙等，李大钊也亲自到补习学校授课。这些年轻的教员们，抛开大学学业，跑到长辛店，或朝去暮返，或一周住校一两天，有时挤在一间小房子里住，连点灯的油瓶都是从工人家里借来的。他们用自己省下来的几块钱伙食费，买茶叶、糖果，招待工人们来校谈心，他们还帮工人们写家信，甚至帮工人们排解家庭和其他各种纠纷，从而很快与普通工人打成了一片。

每天晚上吃完饭，工人们就纷纷来到学校。土坯讲台上一张桌子，桌子上点起一盏煤油灯，那点光亮，刚好让人能看得见黑板。教员们搓着冻得发僵的手，拿起粉笔，在黑板上写下"工人"两个大字，这就是一课书。讲课时，教员们先教识字，再讲道理，他们会讲："工"字和"人"字连

工运领袖邓中夏

邓中夏是马克思主义理论家，也是实干派。在北京大学求学期间，他曾到街上动员洋车夫集合拦路，要求增加待遇，但只有少数人响应，警察赶来后还砸了几辆车，洋车夫们就扯住他索赔。邓中夏拿出所有的钱也抵不上损失费。回校后有些人每次见面都讽刺他："工运搞得怎样了？"其父也因为他参加"过激"活动而中断了接济。邓中夏并不气馁，他总结出：洋车夫属于比较散漫的个体劳动者，且受帮会影响，真正搞工人运动还应到有组织的产业工人中去。正是在这种情况下，他来到了北京长辛店铁路工厂，筹办劳动补习学校。

在一起，就是"天"字，工人顶天立地，所以工人最伟大。你们看看，铁道是谁修的？火车是谁开的？机器是谁造的？工人不盖房，谁也没得住；工人不织布，谁也甭穿衣。世界上谁也离不开工人，难道工人不伟大吗？有个工人问："工人伟大干吗还受穷？是命苦吗？"教员们回答：不是命苦，是因为受了有钱人的剥削。工人盖了楼房有钱人住，织了绸缎有钱人穿。他们的钱，都是剥削穷人的。有钱人为什么能剥削呢？主要是他们有权势。工人要想不受穷，不受剥削，就得团结起来同他们斗。

为了使工人明白团结起来才有力量的道理，教员想出了各种办法来启发工人。有的教员以卢沟桥的桥墩为例，那些桥墩不过是沙子和石子组成的，但它们本来是散的东西，经不住水冲，可一旦和洋灰掺在一块儿，还是那些沙子和石子，就能牢固地胶结在一起，撑住上千吨的桥梁。永定河水再大，水流再急，也冲不动它了。有的教员拿1张白纸，让工人用手指去捅。一捅，纸破了。再拿3张纸，还叫工人用手指去捅，一捅，又破了。最后，拿一大摞纸让工人用手指捅，工人把手指捅痛了，纸却一张没破。由此告诉工人：这就是团结的力量、组织的力量。我们工人也一样，"五人团结赛老虎，十人团结如条龙，百人团结像泰山，谁也搬不

长辛店劳动补习学校旧址

动"。北方的初春是寒冷的，但工人们听了教员们的讲解后，个个心里暖烘烘的。团结起来，组织团体，同剥削阶级斗——这些革命道理，工人们牢牢地记在了心里。

教员们课讲得生动形象，说的又都是大伙儿的心里话，上课的工人越来越多。夜校里，常常是书声琅琅，不时还传出悠扬的吟唱声："如今世界不太平，重重压迫我劳工，一生一世做牛马，思想起来好苦情。北方吹来十月的风，惊醒了我们苦弟兄，无产阶级快起来，拿起铁锤去进攻。红旗一举手里明，铁锤一举山河动，只要我们团结紧啊，冲破乌云满天红！"

随着时间的推移，劳动补习学校团结、教育了越来越多的工人群众，培养出了北方铁路工人运动的第一批骨干。通过这些骨干，长辛店地区的工人又被进一步发动起来、团结起来，最终掀起了汹涌澎湃的工人运动高潮。上海的共产党早期组织机关报《共产党》月刊热烈地欢呼其"不愧乎北方劳动界的一颗明星"。

毒面包案

香港民众始终在以各种方式反抗着英国侵略者的统治。第二次鸦片战争期间，曾发生过香港历史上有名的"毒面包案"。因英国人不适应中国的饮食习惯，他们多吃面包，经常从一家张姓老板的食品店购买，后来这家食品店便逐渐包揽了专供全港英国人的面包生意。1857年1月15日，400多名英国人在吃了这家食品店供应的面包后，全部中毒，呕吐不止，及时送医院抢救才未致命。经化验，面包中含有砒霜。港英警方对此案十分重视，派人调查，但最终查无所获。

2. 香港海员大罢工

中国共产党成立后，从中央到地方的各级组织都积极投身于工人运动中，工人阶级的觉悟得到迅速提升，工人运动开始出现蓬勃兴起的局面。从1922年1月到1923年2月，掀起了中国工人运动的第一个高潮。在持续13个月的时间里，全国共发生大小罢工100余次，参与人数达到了30万人以上。这次工人运动高潮的起点，就是著名的香港海员大罢工。

鸦片战争后，香港沦为英国殖民地。英国殖民者利用香港深水港的优势，大力发展海运业，雇佣了大量中国海员，这些海员长期遭受殖民统治和种族歧视，工资微薄。他们与白人海员做着同样的工作，工资待遇却不及白人海员的1/5，并随时受到无故开除的威胁。他们过着异常艰辛的生活，心中积压着对英国殖民者的怒火。同时，由于他们航行于欧美各国以及国内港口，受到当时如火如荼的西方资本主义国家工人运动和国内工人运动的影响，阶级觉悟不断提高，反抗的积极性也不断高涨。

在香港海员中，有一批先进分子如苏兆征、林伟民等人，他们积极宣传和组织，于1921年3月6日在香港成立了中国海员第一个真正的工会组织——中华海员工业联合总会。

海员工会经过准备，于9月代表香港海员正式向资本家提出了增加工资等要求，但遭到拒绝。11月，各轮船上的外籍海员增加了15%的工资，海员工会向资方再一次提出了给中国海员增加工资的要求，仍被无理拒绝，中国海员大为愤慨。

1922年1月12日上午，海员工会第三次提出增加工资的要求，并限令24小时内给予圆满答复，否则就举行罢工。对此最后通牒，资本家仍然置若罔闻。这种骄横跋扈的态度，令海员们忍无可忍，于是，轰轰烈烈的香港海员大罢工爆发了。1月12日下午，海员工会领导人苏兆征所在的德忌利士轮船公司的"海康"轮首先宣布罢工。接着，所有从香港

鸦片战争前，停泊在广东海面的英国鸦片趸船

85

1921 年 3 月 6 日，香港中华海员工业联合总会成立

开往广州、江门、梧州等地的内河轮船，以及从外埠开到香港的英、美、法、日、荷等国的海洋轮船上的中国海员，都相继离船而罢工。罢工浪潮很快波及新加坡、泰国和内地的上海、汕头等口岸，有的船一经靠岸，随即罢工。宣布罢工的当天晚上，港英当局华民政务司署理夏理德便赶往海员工会进行压制，他威胁海员们说："本港政府是不允许这种罢工行动的。你们有条件可交本大人替你们斟酌办理。你们罢工，不怕饿肚子吗？"苏兆征、林伟民等当即挺身而出，严词驳斥说："我们提条件已经 3 次了，而且都通知了政府，政府何以早不出来说话？现在我们已经罢工了，要复工除非完全承认我们的条件。我们饿肚子是我们自己的事情，政府不必担心。"话音刚落，海员们立即报以热烈掌声和欢呼声，夏理德灰溜溜地离开了海员工会。

海员们众志成城，仅仅 1 周，参加罢工的轮船已有 123 艘，人数达 6 500 人。2 月 1 日，港英当局在威胁海员工人复工遭到拒绝之后，下令封闭海员工会，这激起了香港工人的更大愤慨。3 月 1 日，香港全体工人阶级举行了总同盟罢工，参加罢工人数达到 10 万多人，罢工浪潮席卷整个香港。5 条太平洋航线和 9 条近海航线因罢工陷于瘫痪，交通运输的中断，又使香港出现了生产停顿、商店关闭、日用食品日益匮乏、物价暴涨、市民大量抢购等现象，香港一时成了"死港"。

港英当局及英国资本家惊恐万状，随即对香港海员大罢工采取了高压、恐吓、欺骗、调停、利诱、分化等手段，进行破坏。3 月 4 日，又调集大批武装军警，前往离香港 6 000 米的九龙附近的沙田地区向罢工工人扫射，造成 6 人死亡、数百人受伤的沙田惨案。帝国主义的暴行激起了全国工人阶级的愤怒，他们纷纷声援香港海员的正义斗争。在中国劳动组合书记部、广东革命政

主权不容讨论

1982 年 9 月，英国首相撒切尔夫人对中国进行国事访问，就香港问题与邓小平进行会谈。她摆出"铁娘子"的强硬姿态，并威胁邓小平说，中国收回香港，就会给香港带来灾难性影响，要想继续维持香港繁荣，就必须继续由英国来管治。邓小平则明确告诉她，1997 年中国必须收回香港，否则就意味着中国政府是晚清政府，中国领导人是李鸿章！

府和全国工人的支持下，香港海员罢工坚持了 56 天之久，最终迫使港英当局于 3 月 8 日接受了罢工海员提出的恢复海员工会原状、增加工资 15% 到 30%、抚恤死难工人家属等要求。

喜讯传来，工人们在香港和广州两地举行了庆祝大会，当港英当局的代表把海员工会的招牌重新挂起时，10 余万工人把周边街道围得水泄不通，"工人万岁"的欢呼声响彻整个香港岛。

香港海员大罢工的胜利，有力打击了帝国主义的气焰，极大地鼓舞了中国工人阶级，推动了工人运动的发展，揭开了中国第一次工人运动高潮的序幕。

1922 年 1—3 月，香港海员为反抗英国资本家的压迫和剥削举行罢工，并取得了胜利。图为罢工工人欢庆斗争胜利的场面

3. 安源路矿大罢工

安源路矿是江西萍乡的安源煤矿和湖南株洲到萍乡安源的株萍铁路的合称。该企业是德国、日本资本控制的汉冶萍公司的一部分，共有工人1.7万人。工人们深受帝国主义和封建主义的残酷剥削和压迫，劳动条件很差，生活非常困苦。

1921年秋，中共湖南支部书记毛泽东背着一把雨伞，来到安源进行调查。毛泽东当时的公开身份是湖南第一师范学校教员、一师附小主事（相当于校长）。利用这一身份，他以走亲访友、参观访问、推广平民教育的名义，来到了安源。萍矿总平巷甲段段长毛紫云是湖南湘潭人，曾和毛泽东的父亲一起在长沙做过生意。毛泽东住在这个同乡家，并在他的帮助下，亲自到矿井中体验了一番。

毛泽东和领路的工人一起，在狭小阴暗的矿道中时走时爬，终于来到了矿工最多、环境最差、危险最高的采煤工作面上。这里的矿工一个个赤身裸体，瘦骨嶙峋，浑身乌黑，他们弯腰曲背，紧贴着煤壁挖煤。毛泽东走到他们身边，和蔼可亲地与他们闲话家常，了解工人们的疾苦。毛泽东对工人们说："我们中国工人这么苦，世界上少有，得想个办法才是！"有的工人兴奋地问："有办法吗？"毛泽东坚定地说："有办法！这办法，一不靠神仙，二不靠皇帝，要靠我们自己救自己！"就这样，毛泽东多

毛顺生

毛泽东的父亲毛顺生，曾经当过兵，参加过湘军，眼界比较开阔，并且精于商业经营。毛顺生去世后，留下了一定产业，毛泽东开展农民运动、发动秋收起义时，就有部分经费取自这份产业。

油画《毛主席与安源矿工》，
侯一民作

次到安源进工棚、下矿井，宣传革命思想，启发工人觉悟，发掘、培养了不少积极分子。

　　1921年冬，中共湘区委员会又先后派李立三等人到安源开办工人补习学校，并在工人中建立了党团组织和工人俱乐部，为罢工斗争做了思想和组织准备。罢工前夕，党组织又派刘少奇到安源加强领导。经过周密计划和充分准备后，俱乐部在1922年9月14日零时向全体工人发出了罢工命令。14日上午，俱乐部发表《萍乡安源路矿工人罢工宣言》，提出了保障工人权利、增加工资、改善待遇、发清欠饷、废除封建把头制等17项要求。罢工爆发后，迅速得到了全国各地工会的声援和社会舆论

中华人民共和国成立后的刘少奇

的支持。

14日2时,路局火车房工人按规定部署,率先罢工,停开当日第一趟列车,并拉响汽笛,发出罢工信号。3时,矿局工人截断了矿井电线,使电车停顿,井下工人马上获知罢工已经开始,立即像潮水一般涌出矿井,高呼"罢工!罢工!"的口号。这时,总平巷井口监守员也将写有"罢工"二字的大白旗竖于井口上方,并用木料将井口堵住,仅留一出口让井下工人出班,不准任何人下井。本应在4时进班的工人,接到罢工命令后,一律留在餐宿处,不再上班,也不外出。随后,路局各工作处和各车站,矿局的洗煤台、炼焦处、修理厂等地面各工作处,以及紫家冲分矿,均相继罢工。14日中午前,除锅炉房、发电机、打风机和抽水机按原定计划照常开工或部分开工外,路矿两局1.3万余名工人全面加入了大罢工队伍。

罢工一开始,路矿当局即以每人每天2块大洋的高额报酬,请赣西镇守使署派军队占驻工人俱乐部机关,强迫工人开工。当军队开到俱乐部机关时,已有数千工人闻讯赶到,他们一面冒死冲进俱乐部,一面向士兵宣传,将军队劝离,使路矿当局武力镇压罢工的伎俩流产。矿局一计不成,又生一计,他们命总平巷总监工王鸿卿出面,串通少数与工头职员有亲谊关系的工人,许以不做工照常给工资,借此破坏罢工,甚至悬赏600大洋,雇武术高手密谋刺杀李立三。

工人们得知情况后,一方面公开宣言:"若俱乐部主任被害,当使路矿两局全体职员不得生离安源。"一方面采取严密措施,保护俱乐部领导人,使路矿当局的谋杀手段也未能得逞。

在采取种种手段镇压和破坏罢工的同时,路矿当局又提出"先开工后磋商条件",企图引诱俱乐部下令复工,同时使用

"拖"字诀，企图使罢工工人在饿困、疲惫中瓦解和就范。这种狡猾计谋，也一次又一次被齐心协力的工人们粉碎。9月16日上午，路矿当局和戒严司令以请工人代表去"商量解决办法"为名，邀约刘少奇去戒严司令部，武力胁迫刘少奇下令复工，刘少奇断然拒绝，并严词驳斥。各处工人闻讯，纷纷赶来保护刘少奇。数千工人将戒严司令部所在的矿局公事房团团围住，喧声如雷，高喊："请俱乐部代表出来，有事请矿长、旅长到俱乐部去商量！""谁敢动刘代表半根毫毛，我们就要打得路矿两局片甲不留，让路矿两局全体职员不得生离安源！"路矿当局见状，才没敢加害刘少奇。这一武力胁迫复工的企图被粉碎后，路矿当局

1922年9月，深受帝国主义和封建主义残酷剥削和压迫的安源路矿工人举行大罢工，并取得完全胜利。图为领导罢工的安源路矿工人俱乐部筹委会成员合影，前排右五为李立三

终于被迫派出全权代表与俱乐部谈判。9月17日下午4时，路矿两局全权代表与俱乐部全权代表李立三开始谈判，地方商绅代表出席调停。经过激烈争辩、谈判，直到18日凌晨2时，双方才签订了"草约"十三条。18日上午，路矿当局最终接受了工人提出的17项条件，罢工以工人阶级的全面胜利而结束。

俱乐部在发表的《上工宣言》中表示："从前是'工人牛马'，现在是'工人万岁'！我们的第一步目的已经达到。"这次罢工是中国共产党首次独立领导并取得了完全胜利的工人斗争，它提高了党组织在工人群众中的威信，扩大了党的影响，也为党的建设与发展积蓄了力量。

4. 海陆丰农民运动

中国共产党从创建伊始，就开始关注着占中国人口绝大多数的农民。党的一大结束后，党领导的农民运动就开始在浙江萧山、广东海陆丰和湖南衡山等地区兴起。特别是广东海陆丰农民运动，它是中共建党初期领导的范围最广、影响最大的一次农民运动，领导人正是被毛泽东誉为"农运大王"的彭湃。

1896年，彭湃出生于海丰县有名的大地主家庭，家里有"鸦飞不过的田产""被统辖的农民男女老幼不下千五百人"。当时海丰县是广东社会矛盾尖锐之地，官绅横行不法，鱼肉百姓。自小生活在这里的彭湃，目睹了国家贫穷落后，地主和农民之间巨大的两极分化，以救国救民、变革社会为己任的他，最终背叛了自己的家庭。为寻求真理，他东渡日本求学，在李大钊、陈独秀等人求学过的早稻田大学，就读政治经济科，并在那里接触到马克思主义。1921年5月，彭湃从早稻田大学毕业归国后，在广州加入了社会主义青年团，创办了社会主义研究社和劳动者同情会。

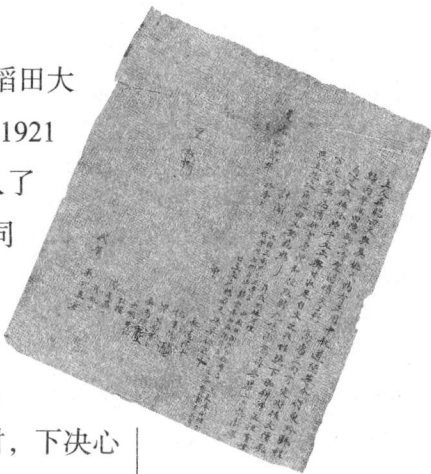

1922年，彭湃回到家乡，被任命为海丰县教育局长，由于他锐意整顿教育，并不断宣传马克思主义，结果被罢官。丢官后的彭湃，把目光转向了广阔的农村，下决心到农村去做实际运动。

旧社会农民典当土地的文契

初到农村，彭湃穿着一身考究的衣服，乡下人都以为他是来收租讨账的，纷纷躲着他。后来，他换上农装，戴上竹笠，光着脚板走到田间地头考察农民生活，并学习用通俗的语言与农民交

油画《好得很》，詹建俊作

农民运动的王

毛泽东是农民的儿子，熟悉农村，并且早在求学时期，就曾深入湖南农村，1927年1月至2月，毛泽东用32天时间，先后在湘潭、湘乡、衡山、醴陵、长沙五个县进行了实地考察，写下了著名的《湖南农民运动考察报告》。同时，也正是在此期间，毛泽东从一位乡民口中得知了山高皇帝远、国民党鞭长莫及的井冈山。

谈，才得到农民的认同。他随即向农民阶级宣传马克思社会主义学说。

彭湃坚定地认为，半殖民地背景下的中国国民革命的根本问题，就是农民问题；中国的国民革命运动，首先应该是一个伟大的农民解放运动。

1922年7月29日晚上，彭湃与另外5位农民在海丰县赤山约（约，相当于今天的乡镇一级建制）组成了全国第一个农民协会——赤山约六人农会。彭湃将理想投入实践的第一步，就是先把自己由有产者变成无产者。与家中兄弟分完家产后，彭湃把自己分得的田契亲自送给佃户们。佃户不敢要，他就将田契全部当众烧毁，并宣布："日后自耕自食，不必再交租谷。"彭湃烧田契的行动，在视土地为命根子的农民眼里显得惊天动地，事情得以迅速传遍海陆

翻身农民在分得的土地上插界标

丰大地，赤山约农会则乘机扩展，会员迅速达到 500 余人。

10 月 25 日，赤山约农会在龙山天后庙召开了成立大会。随后，彭湃又辗转奔波于海丰县的其他乡村，号召农民组织起来，成立农会。彭湃领导农会，始终从农民最直接的经济利益入手，他带领农民联合起来要求减租减息，抵抗苛捐杂税。他为农民办免费教育，教农民记账、打算盘，让农民不受地主的骗。农会还在县城办了一所农民医药房，农民凭农会会员证看病，不收诊费，药费折半，中国农民几千年来第一次享受到了看病不用钱的待遇。农会还研究改良农业发展生产的办法，帮农民去跟地主、官府打官司，调和争端、解决纠纷，扶贫济困、救济孤老等。农民通过参加农会，在政治、经济、文化和个人生活方面都直接受惠。因此，到 1922 年底，短短 5 个月时间，海丰县已有 12 个约、98 个乡建立了农会，会员发展到 2 万户，自然人口近 10 万人，约占全县总人口的 1/4。

1923 年元旦，"图农民生活之改造、图农业之发展、图农民之自治、图农民教育之普及"的海丰总农会宣告成立，会议选举彭湃为海丰总农会会长。此后，彭湃又先后到陆丰、惠阳两县从事农民运动，由于有海丰农民运动的声势和经验，陆丰、惠阳两县的农会得到迅速发展，到 1923 年，海丰、陆丰、惠阳 3 县共有 70 多个约、1 500 多个乡建立了农会，会员达到 20 多万人。

农会发展壮大，农民运动兴起，必然引起地主阶级的仇视和反扑。他们勾结当地反动政府对农会进行镇压，农会在斗争中几遭挫折，骨干被捕，组织被迫解散，转入秘密活动，彭湃也不得不离开海丰。但海陆丰农民运动为后来更大规模的农民运动埋下了革命火种，提供了宝贵的实战经验。

瞿秋白《湖南农民运动》序言节选：

中国革命家都要代表三万万九千万农民说话做事，到战线去奋斗，毛泽东不过开始罢了。中国的革命者个个都应当读一读毛泽东这本书，和读彭湃的《海丰农民运动》一样。

中国第一条铁路——唐胥铁路
通车情形

5. 京汉铁路大罢工

京汉铁路是1896年清政府筹款兴建的铁路干线，1906年4月建成通车。它北起北京前门，纵贯直隶（今河北）、河南、湖北3省，南至汉口玉带门，全长1 214.5千米，是连接华北和华中的交通命脉，有着重要的经济、政治和军事意义。辛亥革命以后，京汉铁路路权由北洋军阀政府中的交通系所控制。直奉战争后，军阀吴佩孚控制了京汉铁路路权，京汉铁路运营收入成了吴佩孚军饷的主要来源之一。

在中国共产党领导的第一次工人运动高潮中，铁路工人是一支主要力量，在铁路工人中成立产业联合组织，是当时中国共产党制订的阶段性工作计划。由于京汉铁路沿线工会的工作基础较好，到1922年底，在中共中央的领导和中国劳动组合书记部的直接帮助下，京汉铁路沿线的长辛店、郑州、江岸等16个车站工人都成立了工会，广大工人迫切要求建立全路统一的工会组织。

在这种形势下，京汉铁路总工会筹备会决定，于1923年2月1日在郑州召开京汉铁路总工会成立大会。出席大会的有京汉铁路各工会分会的代表，以及其他铁路、冶炼工会的代表、学生代表和新闻界人士等约300人。中国共产党对此次大会非常重视，派出了张国焘、陈潭秋、罗章龙、包惠僧、林育南等人参会并相机开展工人运动。

然而，由于工人运动高涨不利于军阀统治，所以曾经通电全国"保护劳工"的军阀吴佩孚，此时悍然下令军方"制止开会"，试图阻挠和破坏大会召开。

2月1日上午，郑州全城戒严，军警荷枪实弹。但各路工人

辛亥革命时期揭露清政府出卖路权的漫画

1923年2月，京汉铁路总工会成立，并实行总同盟罢工。图为京汉铁路总工会成立时的合影

1923年3月，北京工人周刊社编辑出版的《京汉工人流血记》

代表和来宾不顾生死，冲破军警的重重包围，进入了会场——郑州普乐园剧场，宣布京汉铁路总工会成立。正当与会者情绪高昂，高呼"京汉铁路总工会万岁""劳动阶级胜利万岁"等口号时，郑州警察局局长黄殿臣带人闯入会场，阻挠大会继续进行，并包围了代表们的住所。当天晚上，中国共产党和总工会负责人联合召开了秘密会议，号召京汉铁路全线工人举行罢工，"为自由作战，为人权作战，只有前进，绝无后退"。2月4日，京汉铁路全线2万多工人成功举行了总同盟罢工，长达1 200多千米的京汉铁路顿时瘫痪。

京汉铁路工人大罢工爆发，引发了列强的恐慌，各帝国主义国家驻北京公使团立即召开紧急会议，直接出面进行干涉和破坏。吴佩孚在帝国主义势力的支持下，于2月7日，纠集2万多军警对京汉铁路工人进行了血腥镇压。在江岸，工人纠察团副团长曾玉良等36人，被全副武装的军警杀害；在长辛店，机车厂铆工、工人纠察队副队长葛树贵等6人被打死；在郑州车站，郑州铁路工会委员长高斌惨遭酷刑而牺牲。京汉铁路总工会江岸分会委员长、共产党员林祥谦被捕后，军警将他绑在江岸车站的电线杆上，威逼他马上下令复工。林祥谦对军警怒目而视，一言不发。军警恼羞成怒，命令刽子手砍击林祥谦的肩头，殷红的鲜血迅速沾满了他全身，林祥谦依然宁死不屈，他忍住剧痛，坚定地说："上工要总工会下命令，我的头可断，工是不上的。"刽子手最终将林祥谦当场杀害。京汉铁路总工会和湖北省工团联合会法律顾问、为工人利益而斗争的共产党员施洋大律师，在郑州参加总工会成立大会后，于2月15日凌晨被吴佩孚的爪牙萧耀南秘密杀害于武昌洪山脚下。"二七惨案"中，壮烈牺牲者有52人，被捕入狱者有40余人，另有300余人受伤，1 000多人被开除，不少工人家属也遭到军警的迫害与洗劫。

　　京汉铁路工人大罢工是中国共产党领导的第一次工人运动高潮的顶点，它进一步彰显了中国工人阶级的力量，扩大了中国共产党在全国人民中的影响。但是面对反动军阀势力与帝国主义的联手镇压，手无寸铁、单枪匹马的工人们付出了鲜血和生命。斗争的失败，唤醒了中国人民，使他们更明确地认识到帝国主义和封建军阀是中国各族人民不共戴天的敌人。工人阶级只有联合全国人民一道进行斗争，并把斗争进行到底，才能取得最终的胜利。

施洋英勇就义

　　在刑场上，施洋面对军警和民众大声疾呼："我只希望中国的劳动者早些起来，把军阀、官僚、资本家和你们这些替他们做走狗的人，一起都食肉寝皮。……我不怕人，不怕事，不怕死，堂堂正正做人，反对强暴，你们杀了一个施洋，还有千万个施洋！"1957年，董必武同志曾为施洋题诗："二七工仇血史留，吴萧遗臭万千秋，律师应仗人间义，身殉名存烈士俦。"

V 第五章
井冈风雷

毛泽东开创了井冈山革命道路。
图为毛泽东 1927 年摄于武汉

1927 年国民党反动派叛变革命后，以毛泽东为代表的一批共产党人审时度势，引兵井冈山，创建了革命根据地，缔造了人民军队，建立了红色政权，总结出游击战术，开展了土地革命，开辟了"以农村包围城市，武装夺取全国政权"的革命道路。井冈山的风雷，际会南湖的红船，未来，中国革命的巨舰将在漫天红雨中前行。

1. 把革命进行到底

中国共产党成立后，迅速掀起了中国工人运动的高潮。两年时间内，全国罢工达 180 多次。但外有列强插手，内有军阀镇压，特别是震惊中外的二七惨案，使中共领导人认识到，没有强有力的同盟，战胜强大的敌人是不可能的。同时，革命先驱孙中山及其领导的国民党，也意识到国共合作是大势所趋。于是，在共产国际的帮助和推动下，两党于 1924 年实现了首次合作。第一次国共合作，极大地推动了中国民主革命的进程。但在革命形势一片大好，即将取得国民革命胜利之时，国民党右派却突

毛泽东与茅盾

1926 年 3 月 20 日，蒋介石初施辣手，发动广州事变。当时身兼国民党中央宣传部代理部长的毛泽东，对当时身为自己秘书的茅盾（沈雁冰）说："这几天我都在思考。我们对蒋介石要强硬。蒋介石本来是陈其美的部下，虽然在日本学过一点军事，却在上海进交易所当经纪人搞投机，当时戴季陶和蒋介石是一伙，穿的是连裆裤子。蒋介石此番也是投机。我们示弱，他就得寸进尺；我们强硬，他就缩回去。……"

然叛变。

1927年4月12日，蒋介石悍然发动了四一二反革命政变；7月15日，汪精卫也在武汉召开"分共"会议，宣布与共产党决裂。蒋介石、汪精卫两大反动集团合流，彻底背叛孙中山先生制订的国共合作政策，大肆逮捕、屠杀共产党员和革命群众，30余万人先后倒在血泊中。

一时间，到处血雨腥风，共产党员和革命群众处于白色恐怖之中。一些不坚定的党员，在反革命的高压下，有的声明脱党，有的自首叛变，近6万名共产党员迅速锐减至1万多人，工会会员也由300多万人锐减至几万人，反革命势力大大超过革命力量，全国革命由高潮转入低潮，国共两党合作发起的大革命宣告失败。

值此紧要关头，中共中央及时召开了紧急会议，总结了大革命失败的教训，纠正了陈独秀的右倾退让错误，决定把共产党掌握的部队集中到江西南昌，在南昌发动武装暴动。会议决定，由周恩来、李立三、恽代英、彭湃组成前敌委员会，以周恩来为书记，领导这次起义。

南昌起义的主力是共产党所能掌握和影响的国民革命军第二方面军的一部分，主要是叶挺任师长的第十一军二十四师，贺龙任军长的暂编第二十军，以及朱德率领的第三军军官教育团部分学员，共2万余人。

与此同时，敌人也加紧了"清党"活动。汪精卫政府惺惺作态，一边通知叶挺、贺龙到庐山开会，一边命令二人指挥的部队到德安集中，妄图在庐山会议上扣留他们，解除其兵权。这一绝密情报被我党秘密党员、第二方面军第四军参谋长叶剑英探知，紧急情况下，他连夜从庐山赶到九江，将情况告知叶挺，并以到

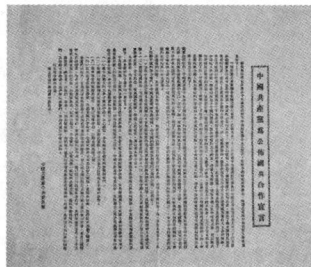

中国共产党始终以民族大义为重，不计国共两党第一次合作失败的前嫌，先后以各种方式呼吁国民党团结抗日。图为1937年日本发动全面侵华战争后，中共代表团向蒋介石提交的《中共中央为公布国共合作宣言》

油画《南昌起义》，黎冰鸿作

江西大旅社，南昌起义纪念馆旧址

甘棠湖划船的名义，约贺龙等人商议对策。他们在甘棠湖的小筏子上迅速做出了决定：叶挺、贺龙不上庐山；不接受调部队到德安集中的命令，部队立即开往南昌。

7月27日，周恩来抵达南昌，在江西大旅社成立前敌委员会，任命贺龙为第二方面军代总指挥，叶挺为前敌代总指挥。经过多次商议，前委会最终决定在8月1日凌晨4时发动武装起义。31日晚上9点左右，由于第二十军的一个副营长投敌告密，前委会当即决定：提前两小时起义！

31日午夜刚过，随着起义总指挥部一声令下，一声枪声划破了寂静的夜空，震惊全国的南昌起义爆发了。将士们个个如下山猛虎，奋勇向前，战斗进行得异常激烈。由于天黑人多，为区分敌我，起义军战士都在系着红领巾的同时，在手臂上加系了白毛巾，马灯和手电筒的玻璃上也都贴上红十字。两路部队相遇，首先要询问当晚的起义口令——"河山统一"。

激烈的战斗持续了4个小时。叶挺指挥部队消灭了天主堂、贡院、新营房等处的敌人，占领了敌人的修械所和弹药库，将红旗插上了敌人卫戍司令部的楼顶；贺龙的部队消灭了大营房的敌人和省政府的守卫部队；朱德率领教育团一个营协同友军作战，歼灭了驻地附近的敌人。三支队伍全歼守敌3 000余人，占领了南昌城。

尽管这次武装起义最后在敌人的疯狂反扑下失败了，但部分起义军在朱德带领下，辗转北上井冈山，为日后中国工农红军的发展奠定了基础。同时，南昌起义打响了武装反抗国民党反动派的第一枪，犹如一道划破夜空的闪电，使敌人震惊和恐惧，也给白色恐怖下的中国人民带来了光明和希望。

贺龙用过的手枪

2. 引兵井冈山

南昌起义爆发后一星期，也就是1927年8月7日，中共中央在湖北汉口召开了紧急会议，史称八七会议。由于当时环境极其险恶，会议只开了一天。但这次会议具有重要的历史意义，在会上，毛泽东总结了大革命失败的教训，并提出了"枪杆子里出政权"的重要思想。这次会议确立了一个重大决策，即在工农运动基础较好的湖南、湖北、广东和江西四省发动农民秋收起义。会后，毛泽东迅速赶回湖南，筹备秋收起义。

8月18日，湖南省委在长沙市郊举行会议，制订了以长沙为中心的暴动计划，在报请中央批准后，毛泽东随即前往江西安源做起义前的准备工作。9月初，毛泽东在安源召开军事会议，成立了秋收起义前敌委员会，毛泽东任前委会书记，卢德铭任起义总指挥。参加起义的武装力量被组建为工农革命军第一军第一

广州起义

广州起义是中国共产党继南昌起义、秋收起义之后，对国民党反动派的又一次英勇反击，由张太雷、恽代英、叶挺、叶剑英、聂荣臻、周文雍等人领导。这次起义虽然失败，张太雷也血染羊城，当场牺牲，但它给了中国人民新的鼓舞，其他起义领导人带领保留下来的武装力量，后来发展成为中国工农红军的重要力量。

八七会议旧址

师，师长余洒度，下辖三个团，分别从修水、安源、铜鼓向长沙挺进。

会后，毛泽东又匆匆赶往第三团驻地铜鼓。不料，在走到湖南浏阳和江西铜鼓交界的张家坊时，被当地的地主民团抓住了。幸亏在被押往民团总部去处死的路上，毛泽东急中生智，用钱财买通了押送的团丁，在距民团总部不远的地方找到了脱身的机会。挨到天黑，毛泽东继续赶路，由于天黑，路又不熟，他在慌乱中弄丢了鞋子，只好光着脚翻山越岭。第二天，在山上遇到一个农民，毛泽东与他交上了朋友，在新朋友的帮助下，买了一双鞋、一把伞和一些吃的，最终安全抵达了铜鼓。

9月9日，秋收起义爆发。在进攻过程中，因敌强我弱，工农革命军三路人马都伤亡惨重，从5 000多人减员到1 500余人。在起义部队面临生死存亡的关键时刻，毛泽东果断放弃了原定的会攻长沙的计划，命令各路部队前往敌人统治力量薄弱、群众基础较好的文家市会合。

9月19日，秋收起义部队在文家市会合后，召开了前敌委员会议。在部队往何处去的问题上，会上出现了不同意见，但毛泽东的主张最终得到了绝大多数人的赞同，那就是向南转移到敌人统治力量薄弱的萍乡，保存革命力量，再图发展。

第二天清晨，毛泽东在队伍出发前为大家鼓气。他说，中国革命没有枪杆子不行；这次秋收起义，虽然受了挫折，但算不了什么！胜败乃兵家常事。我们的武装斗争才刚刚开始，万事开头难，干革命就不要怕困难。只要我们团结一致，继续勇敢地战斗，胜利是一定属于我们的。他还打了一个比喻：我们现在好比一块小石头，蒋介石反动派好比一口大水缸，但总有一天，我们这块小石头，一定要打烂蒋介石那口大水缸！这个生动形象的比喻，大大鼓舞了刚刚受到严重挫折的起义军的士气。

卢德铭

卢德铭是黄埔军校第二期毕业生，四川宜宾人，1925 年加入中国共产党。北伐战争期间，卢德铭在叶挺独立团任连长、营长，独立团改编后任该团参谋长。秋收起义爆发后，卢德铭从武汉向中央请示工作回来，赶上了部队，担任工农革命军总指挥。1927 年 9 月 22 日，工农革命军在萍乡芦溪遭江西敌军朱培德部两个团以及地主武装的伏击，损失数百人，卢德铭壮烈牺牲。

9 月 29 日，毛泽东和部队辗转来到江西永新境内一个群山环抱的小村庄——三湾。由于在路上遭到敌人的伏击，减员严重，士气也很低落，开小差逃跑变成了公开的事。到达三湾时，

三湾枫树坪

支部建到连上

"支部建到连上"是三湾改编的三项重要内容之一。改编前，党组织只设在团部，军队的基层组织没有党的分支。改编后，班有小组，连有支部，营团有党委。连以上设党代表，专门做士兵的思想政治工作，了解他们的思想，解除他们的顾虑，同时注意培养革命意志坚定、思想进步的士兵，发展他们入党。该制度的建立，确立并保障了党对军队的绝对领导。

起义部队就只剩七八百人了。人员减少了，编制还很大。毛泽东乘在三湾休整之机，对部队进行了改编。改编时，根据自愿原则，愿意留的留下，不愿留的，则根据路途远近，发给 3～5 元的路费。最终，只剩 700 人左右，人员虽少，但队伍却精干了，留下的都是大浪淘沙的精英。

10 月 3 日，毛泽东率队向宁冈古城进发。到达古城后，受到了当地党组织和穷苦百姓的热烈欢迎。为总结秋收起义以来的经验教训，确定工农革命军的落脚点等紧迫问题，古城会议召开。会上，毛泽东总结了秋收起义失败的原因，同时指出秋收起义虽然军事上失利了，但战略上并未失败，他鼓励大家要放下担子，轻装上阵。

随后，毛泽东分析了在罗霄山脉中段（井冈山）建立革命根据地的有利条件。他认为，这一带工农群众基础较好，在大革命时期曾有过大规模的农民运动，宁冈的革命派曾经赶跑过反动派的几任县长，发动过"保卫团起义"，建立了农民自卫军，成立了县政府，控制宁冈达一年之久。当地的袁文才、王佐的革命部队各有 60 支枪，他们曾与莲花的农民自卫军一起，大战永新城，解救革命同志。同时，这里盛产大米、油菜、竹木，可为军队提供经济保证。这里山峦众多，可进可退，易于与敌人周旋。而且这里远离南昌、长沙、武汉等大城市，是反动势力统治最薄弱的地方，因此是创建革命根据地、进行长期武装割据最理想的地方。

尽管有少数人提出了反对意见，认为在山沟里建根据地不是革命，而是落草为寇，是自取灭亡，或者是想当"山大王"。

王佐

但经过充分讨论，毛泽东的主张再次得到认同。

不过，袁文才与王佐虽同为革命同志，却不希望工农革命军落脚井冈山，并派人下逐客令，表示可以接济工农革命军一些钱粮，但是请革命军"另择高山"。毛泽东早有预料，他不慌不忙，耐心地向袁文才的代表晓以大义，陈述利弊，在宁冈党组织负责人龙超清的帮助下，勉强说服了袁文才的代表，他表示要回去禀告袁文才后，才能定夺。袁文才的代表离去后，有人提议，袁文才不讲义气，干脆用武力把他们解决掉。毛泽东表示反对。他说："我们对袁文才、王佐两部要以心换心，真诚相待，采取团结、教育的方针。不但不能火拼，还要和衷共济。"

最终，毛泽东以赤诚、大义、智慧，折服了袁文才、王佐和当地百姓。从此，工农革命军正式在井冈山安下家来，开始走上毛泽东的"以农村包围城市，最后夺取全国胜利"的革命道路。

3. 创建根据地

在井冈山安家后，毛泽东一直在寻找机会巩固并扩大根据地，建立红色政权。1927年11月，他根据报纸上的消息分析得出：当前茶陵兵力空虚，于是决定攻打茶陵。

茶陵位于湖南省东部，境内多山，古往今来都是兵家必争之地。为一战而胜，毛泽东决定派团部、一营和特务连全力攻打茶陵。11月16日清晨，攻打茶陵的部队在宁冈大陇整装待发。尽

官兵平等

三湾改编前，工农革命军的军官大多是旧军队军官，军阀习气较重，随意打骂士兵、侮辱士兵，官兵待遇不平等现象时有发生，这严重影响官兵团结，也影响战斗力。三湾改编后，连队成立了士兵委员会，并赋予它很大权力，军官要接受委员会监督。军官做错了事，要受委员会批判，甚至制裁。这种政治上官兵平等，待遇上官兵一致的做法，很好地解决了人民军队的官兵关系，使人们明白打仗绝不单靠武器和技术，还要靠人的觉悟和革命精神，靠官兵一致，靠上下一心。

袁文才的信：

"毛委员：敝地民贫山瘠，犹汪池难容巨鲸，片林不栖大鹏，贵军驰骋革命，应另择坦途。敬礼，袁文才叩首。"

———

袁文才

井冈山的"井"字，并非指水井，而是指天然的泉水。井冈山有五井，即大井、中井、小井、上井与下井。人们傍泉而居，就有了村庄，村庄便以五井为名。山上有一条小溪，叫"井江"，于是山得名"井江山"，因当地方言"江"与"冈"相近，被讹传为"井冈山"。久而久之，便约定俗成为"井冈山"。

| 井冈山

管毛泽东的脚伤还未痊愈，但他还是一瘸一拐地从茅坪赶来，为部队鼓气。他对将士们说："同志们，我们经过了一个多月的休养生息，今天就要上前线打仗了！现在茶陵县城空虚，我们就要乘虚而入，来个开门红！本来，我很想跟大家一起去，可是，我要革命，这只脚却不让我革命，我只有在这里预祝你们旗开得胜，胜利凯旋！"

工农革命军踏着初冬的薄霜，一路击溃挨户团的骚扰，于17日晚潜入了与茶陵一水相隔的中瑶。18日凌晨，部分战士化装成卖柴、卖菜的老百姓，混进了茶陵县城。进城后，他们顺利解决了守护城门的敌兵，然后引导城外的部队冲进城内，敌人还没明白过来是怎么回事就做了俘虏。

但打下茶陵后，团长陈皓等人却只贪图享受，丢下土豪不打，也不开展群众工作，只成立了一个县人民委员会，派曾做过安徽省旌德县县长的谭梓生任县长，一切走旧政府的老路，升堂审案，征税催粮。老百姓经过县衙，探探头，看着"换汤不换药"的新政府，摇摇头失望而去。更有甚者，当农会将捕获的转移钱财的劣绅陈老三交县政府处置时，喝得醉醺醺的陈皓反倒斥责农会触犯了陈老三的利益，因为他的土地不够200亩，算不得

井冈山生活（歌谣）：

红米饭，南瓜汤，
秋茄子，味好香，
餐餐吃得精打光。

干稻草，软又黄，
金丝被儿盖身上，
暖暖和和入梦乡。

108

油画《毛泽东在井冈山》，
罗工柳作

大地主，乐得陈老三叩天谢地。

　　情况很快反映到毛泽东那里，他意识到问题严重，马上指示："新的政权不能按国民党那一套搞，要成立工农兵政府，发动群众开展斗争。"很快，相关问题被重新讨论。经协商，工人、农民、士兵各方推选出了各自的代表，建立起工农兵政府，并推选县总工会主席谭震林担任茶陵县工农兵政府主席。

　　11 月 28 日，湘赣边界第一个红色政权——茶陵县工农兵政府正式成立。"县长公署"的黑漆大匾被换成了"茶陵县工农兵政府"的牌子。政府发布布告，号召广大工农群众起来革命，建

茶陵县苏维埃政府旧址

立工农武装，打倒土豪劣绅。

继茶陵之后，遂川、宁冈、永新等地也相继建立起工农兵政府。1928年5月底，在茅坪还成立了湘赣边界工农兵苏维埃政府，下辖茶陵、遂川、宁冈、永新、莲花、酃县等各县工农兵政府。

与此同时，毛泽东在养伤期间，进行了一项非常重要的调查研究，写就了著名的《宁冈调查》与《永新调查》，并在此基础上展开了根据地的土地革命。出身农家的毛泽东深知，土地是农民的命根子。创建和巩固农村革命根据地，必须让土地回到农民手中，实现耕者有其田。果然，分田运动开始后，穷苦农民分到了土地，个个吐气扬眉。但也有人担忧，万一红军打不过国军，怎么办？分到的土地是不是还会被抢回去？

针对这种担心，毛泽东指示协助分田的干部、战士，一定要向群众讲清楚：只要大家和红军紧紧连在一起，万众一心，就什么也不怕！红军是一定能够保护穷人的利益的！大家吃了定心丸，迸发出空前的热情，终日在土地上辛勤劳作，迎来了根据地的农业大丰收。为感谢红军，支援革命，根据地农民纷纷踊跃缴纳公粮。

同时，边界人民革命热情高涨，因为他们看到了革命的前途和自身的利益，有一种当家做主的责任感，他们踊跃报名参军，支援革命战争。一时间，根据地内到处可见母送子、妻送郎上前线当红军，送鞋送粮、慰劳红军、支援前线的动人场景。

红军医院

边界各县的地方武装也有了新的发展。各县纷纷建立了县赤卫大队，县以下的区、乡，建立了赤卫队和暴动队。赤卫队和暴动队成员主要来自边界各县的男性青壮年，年龄在 25～45 岁。赤卫队队员的年龄一般在 25～35 岁，暴动队队员的年龄在 35～45 岁。暴动队使用的武器比较简陋，主要是梭镖、大刀和鸟铳，赤卫队的武器比暴动队好些，主要是从保安队、挨户团手中缴获来的枪械。

赤卫队和暴动队的主要任务，是配合边界各县工农兵政府打土豪、分田地，镇压反革命。他们平时务农，战时为兵，他们的主要对手是当地土豪劣绅掌握的保安队、靖卫团、挨户团等。此外，他们还经常协助红军进行保卫井冈山根据地的战斗，是工农革命军的重要配合力量。他们与正规工农革命军一起，共同担负起了保卫井冈山革命根据地的重任。

《井冈山土地法》

4. 井冈山会师

梭镖

毛泽东审时度势，引兵井冈山，创建革命根据地；朱德则率领南昌起义部队余部进入了湘南地区。那里是大革命时期农民运动发展最为蓬勃的地区，也是蒋介石叛变革命后白色恐怖最为严重的地区，但湘南人民一刻也没停止过与反动派的斗争，朱德据此决定在这片革命基础良好的地区发动武装暴动。

1928 年 1 月 8 日，朱德经与陈毅等同志讨论决定，首先在宜章举行暴动。宜章没有正规军，只有民团四五百人，但它是座石头城，易守难攻。硬攻，伤亡大。久攻不下，士气低落不说，外围敌人也会赶来增援。因此，会议最后决定利用胡少海的特殊身份智取宜章。胡少海是当地的大豪绅之子，人称"五少爷"，

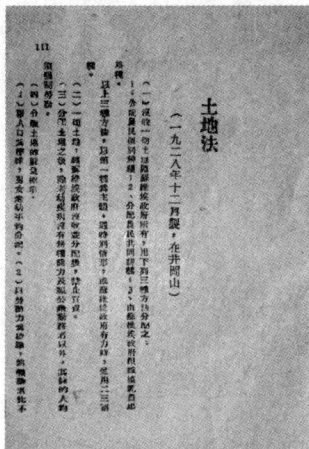

朱德

骊歌一曲思无穷，
今古兴亡忆记中。
污吏岂知清似水，
书生便应气如虹。
恨他狼虎贪心黑，
叹我河山泣泪红。
祖国安危人有责，
冲天壮志付飞鹏。

——朱德赠与同窗好友

读书时受进步思想影响，背叛了家庭，投身革命，还当过北伐军营长，但这些经历宜章还没有人知道。3天后，他以国民革命军第一四〇团副团长名义，带领两连人马进入宜章县城。次日，朱德、陈毅率领的主力部队也大摇大摆进入了宜章城。不费一枪一弹，便解除了警察局、团防局的武装，俘虏警察、团丁400余人。

智取宜章，拉开了湘南暴动的序幕。随后，朱德、陈毅率领工农革命军挥师北上，在党组织和工农自卫军的配合下，先后攻占了郴县、耒阳、永兴、资兴，并建立了工农兵苏维埃政府和农民协会，展开打土豪、分田地的斗争。受此影响，安仁、桂东、汝城、临武、嘉禾、桂阳、常宁等县农民也纷纷举行暴动，革命风暴遍及湘南20多个县。但是，因装备低劣，敌众我寡，这次暴动最后还是失败了。不久，朱德和陈毅听说毛泽东在井冈山站稳了脚跟，遂决定率队向井冈山转移。

毛泽东得知消息后，亦派井冈山工农革命军分三路向湘南进发，策应朱德。4月7日，毛泽东击溃了反动地主武装何其朗部。第二天，又一举攻占了汝城县城。9日，敌主力向汝城县压来。这时，掩护目的已经达到，毛泽东于是下令撤兵，回师井冈山。

当部队行进到资兴的龙溪洞时，毛泽东决定在这个美丽山村休整一两日再走。不久，一营副营长陈毅安带着一个挎着盒子枪的年轻人来见毛泽东。"毛委员，这是宜章碃石独立营副营长萧克，他们暴动后也转移到了龙溪洞。"陈毅安指着那位年轻人说。毛泽东上前紧紧握住萧克的手，风趣地说："好哇！没接到朱德，接到个萧克！"萧克早就听说过毛泽东的大名，此时见到身材伟岸、亲切随和的毛泽东，原本紧张的心情一扫而光。他向毛泽东汇报了自己和部队的情况。

原来，南昌起义失利后，萧克回到嘉禾老家，通过党组织与宜章碛石支部取得了联系。受宜章起义的影响，碛石成立了独立营，萧克任独立营副营长，参加了年关暴动。胜利后，独立营四处游击，打土豪，分田地，协助各区乡建立起苏维埃政府。但湘粤敌军调动了好几个师的兵力，南北夹击起义军，独立营坚持了两个多月的革命斗争，迫于形势向东转移，碰巧在龙溪洞遇到了毛泽东。

"你们现在还有多少人和枪？"毛泽东问道。

"有 600 多人，枪只有七八十支，梭镖有 300 多杆，人们叫我们梭镖营呢！"萧克答道。

"梭镖营？有意思。有梭镖就会有枪的，事物总是由低级到高级发展的嘛！"毛泽东乐观地说。

萧克被毛泽东的情绪感染了，他信誓旦旦地保证："毛委员，萧克从此跟着你，跟着党，革命到底，永不变心！"

"好！萧克同志，我们一起上山去！"毛泽东豪迈地回答。

不久，毛泽东率领这支队伍，回到宁冈砻市。而在此之前，朱德、陈毅率领的部队，已经在何长工、袁文才率领的工农革命军第二团的引导下，顺利到达了宁冈砻市。刚放下行李，毛泽东就在何长工的带领下，直奔朱德住所。见面后，两位巨人的双手便紧紧地握在了一起！两支革命队伍胜利会师了！

之后，毛泽东和朱德互相介绍了双方的主要领导同志。接着，毛泽东热情介绍了井冈山革命根据地的情况，朱德也谈起了南昌起义部队经过的艰难曲折的斗争历程。谈着谈着，气氛热烈起来，毛泽东带着祝贺的口吻称赞："这次湘赣两省的敌人竟没有整倒你们！"朱德感激地说："我们转移得快，也全靠你

陈毅安

113

井冈山会师地砻市全景

铁　军

以叶挺为团长的国民革命军第四军独立团，是第一次国共合作时期由中国共产党直接领导、以共产党员为骨干力量组建的一支革命武装。在北伐战争中，该团率先从广东出发，战磠田、驱醴陵、克平江，直入中伙铺、奇袭汀泗桥、大战贺胜桥、攻占武昌城，所向披靡，立下了赫赫战功，为国民革命军第四军北伐部队赢得了"铁军"称号，团长叶挺也被誉为"北伐名将"。

们的掩护。"

毛泽东谦逊地笑笑，热情提议趁五四运动周年日，开个两支队伍会师和组建一支新部队的庆祝大会，大家一致赞同。在商议这支新部队用什么番号时，朱德提了一个好建议："我主张用第四军的番号。北伐战争时期，叶挺所在的第四军所向披靡，屡建奇功，被誉为'铁军'，我们沿袭第四军的番号，表明我们这支部队决心继承叶挺部队的光荣传统，为中国人民的解放事业再立新功。"

听完朱德的提议，大家一致叫好。事情商定后，其他同志相继告辞而去，毛泽东与朱德则谈兴不减，于是二人进行了第一次促膝长谈。

5月4日，阳光明媚，春意盎然，砻市沉浸在一派喜气之中。龙江河畔的沙洲上，无数面红旗簇拥着一座坚实的高台，高台上方挂着一块红色的横幅，上面写着一排大字："庆祝两军会师和四军成立大会"。台下人山人海，有挎着枪、背着大刀的战士；有臂戴红袖章、手拿梭镖的赤卫队员；还有从宁冈各地涌来的人民群众，军民2万多人聚在这里隆重集会，热烈庆祝两军胜利会师。

上午10时，毛泽东、朱德、陈毅等党政军各界代表登上了主席台。当大会司仪何长工宣布庆祝大会开始后，欢呼声、口号声、鞭炮声、锣鼓声顿时响彻云霄。

随后，大会执行主席陈毅庄严宣布，全体部队改编为中国工农革命军第四军，军长为朱德，党代表为毛泽东，参谋长为王尔琢，士兵委员会主任为陈毅。在雷鸣般的掌声中，军长朱德、党代表毛泽东做了热情洋溢的讲话。

最后，部队的文艺骨干登台表演了文艺节目，有二胡独奏、双簧、单人舞，还有花鼓戏、四川小调、宁冈采茶戏、京剧清唱

井冈山的生活非常艰苦，除军事斗争外，战士们还要到山下去挑粮。山路长达几十里，崎岖难行，中间还必须翻越天险黄洋界。但毛泽东、朱德身先士卒，经常和井冈山军民一道，爬山越岭，往返百多里，挑粮上山。

油画《挑粮路上》，
邓澍、侯一民作

等丰富多彩的节目。大会虽然在下午就匆匆结束了，但井冈山革命根据地的新局面已就此打开。

5. 红色江山

伴随着井冈山革命根据地的日益巩固与壮大，特别是朱毛井冈山会师后，国民党反动派日益寝食不安。蒋介石妄图将工农革命军扼杀在摇篮里，红军则在毛泽东、朱德等人的指挥下，奋勇拼杀，取得了一次又一次的胜利。

比较著名的战役，有五斗江战役、草市坳战役、龙源口大捷、黄洋界保卫战和坳头垅布袋战等。这些战役，有力打击了国民党反动派的嚣张气焰，杀伤了大量敌军，缴获了大量武器，巩固了红色政权，扩大了革命根据地；也在提振井冈山根据地军民士气与战斗力的同时，为

红军用过的重机枪枪筒

红四军宣传科写在墙上的歌谣

大革命失败后全国各地一时找不到方向的革命同志及革命队伍，树起了一面高高飘扬的旗帜。

星星之火，可以燎原！朱毛红军树起了红色大旗，各地纷纷响应，冒出了一支又一支新的红军。他们分别是：

红五军。以彭德怀为军长，滕代远为党代表，活跃在湘鄂赣边界。后来，这支红军突破敌人的重重防线，也来到井冈山，与红四军会师，进一步增强了井冈山的武装力量。

红二军。以贺龙为军长，恽代英为政治委员，活跃于湘鄂西一带。该军最初也叫"红四军"。

红四军。又一支与朱毛红军同名的队伍，其中一部还曾称"红一军"，以邝继勋为军长，余笃三为政治委员，徐向前为参谋长，活跃于鄂豫皖边区。

红六军。叫"红六军"的队伍有三支。第一支以孙德清为

十六字诀

龙源口大捷后，红军在毛泽东的领导下，不断总结游击战经验，逐步形成了适应当时情况的游击战基本原则，这就是著名的十六字诀："敌进我退，敌驻我扰，敌疲我打，敌退我追。"

军长，周逸群为政委，活跃在鄂西洪湖地区。第二支以李勋为军长，也活跃在鄂西。第三支以黄公略为军长，刘士奇为政委，活跃在赣西及湘赣边界。

红七军。以张云逸为军长，邓小平为政治委员，活跃在广西右江地区。

红八军。以俞作豫为军长，邓小平兼政治委员，活跃于广西左江地区。

红十军。初以方志敏为军长，后为周建屏，活跃于赣西北与闽北地区。

红十一军。有两支"红十一军"。一支以吴光浩为军长，戴克敏为党代表，活跃于鄂东。另一支以古大存为军长，胡丙泰为政治委员，活跃在广东东江一带。

红十二军。也有两支。一支以伍中豪为军长，邓子恢为政治委员，活跃于闽西一带。这支队伍最初叫"红九军"。另一支由谢振亚领导，活跃于鄂东南一带。

红十四军。以何昆为军长，李超时为政治委员，活跃于鄂东南一带。

红二十五军。以邝继勋为军长，王平章为政治委员，活跃在鄂豫皖一带。

红二十六军。也有两支。一支是河南、山东两省交界处的暴动农军。另一支是刘志丹、谢子长在陕甘地区建立的武装队伍。

这么多的红军崛起于中

茅坪八角楼，是毛泽东在井冈山时期居住时间最长的住所。在这里，毛泽东经常与朱德、陈毅、谭震林、袁文才等人一起商议工作，或者请当地的党员干部和红军官兵召开座谈会，再或者彻夜批改文件、写文章

参加井冈山斗争的部分人员合影

国大地，显示出毛泽东的巨大影响。毕竟，是他最早提出了"枪杆子里出政权"的口号，也是他最早率领秋收起义队伍创建了革命根据地，树立起中国共产党人的标杆。

如果说几年前嘉兴南湖上那艘"红船"徐徐启航，还不足以表明历史已经选择了中国共产党，那很大程度上恰恰是因为历史还没有选择毛泽东，共产党还缺乏一位真正意义上的引路人。

如今，井冈山已成为各路红军的榜样，毛泽东已隐隐成为中国共产党的掌舵人，驶自南湖的"红船"固然还要遭遇风雨，历经风浪，但巨帆已经高扬，希望已经在望！中华民族的伟大复兴，正如毛泽东所言："……是站在海岸遥望海中已经看得见桅杆尖头了的一只航船，它是立于高山之巅远看东方已见光芒四射喷薄欲出的一轮朝日，它是躁动于母腹中的快要成熟了的一个婴儿。"

人民的队伍

1928年9月，毛泽东率队返回井冈山途中，得知部队由于得不到补给，士兵们太饥饿，吃光了附近一块地里的苞米，他便通知部队集合，就地进行群众纪律教育。之后，他亲自在一块竹牌上写下："因为我军肚子饿了，为了充饥，把你的苞米吃光了，违反了纪律，现在把两元钱（光洋）埋在土里，请收下。"